妈妈也是游戏迷人

妈妈的 80 种亲子游戏场景

（韩）李永爱 著

王倩倩 译

通过游戏解决孩子问题行为的智慧之书

孩子通过游戏清晰地表达自己的心理，破解孩子的游戏语言！

韩国著名儿童专家李永爱老师的游戏指导手册

辽宁科学技术出版社

沈 阳

图书在版编目（CIP）数据

妈妈也是游戏达人/（韩）李永爱著；王倩倩译.—沈
阳：辽宁科学技术出版社，2011.9
　ISBN 978-7-5381-7137-2

　Ⅰ.①妈… Ⅱ.①李… ②王… Ⅲ.①家庭教育 Ⅳ.①G78

中国版本图书馆CIP数据核字（2011）第185180号

出版发行：辽宁科学技术出版社
　　　　　（地址：沈阳市和平区十一纬路29号　邮编：110003）
印 刷 者：沈阳新华印刷厂
经 销 者：各地新华书店
幅面尺寸：164mm×230mm
印　　张：12
字　　数：100千字
出版时间：2011年9月第1版
印刷时间：2011年9月第1次印刷
责任编辑：张歌燕
封面设计：黑米粒书装
版式设计：于　浪
责任校对：李　霞
书　　号：ISBN 978-7-5381-7137-2
定　　价：32.00元

联系电话：024-23284063
邮购热线：024-23284502
E-mail:geyan_zhang@163.com
http://www.lnkj.com.cn
本书网址：www.lnkj.cn/uri.sh/7137

序
会玩的孩子更能健康快乐地成长

望子成龙，望女成凤，这是妈妈们的共同心声。然而与成功相比，让孩子健康、快乐地成长更是每一位爱孩子的妈妈的最大愿望。健康快乐的孩子才是幸福的孩子，只有孩子幸福，妈妈才会觉得幸福。

对于孩子来说，大部分时间是在游戏中度过的，孩子们在游戏中获得快乐，在游戏中获得知识，更在游戏中获得成长。

能促进孩子的发育，会玩的孩子不仅身体发育良好，而且许多研究报告证明，会玩的孩子更聪明，其他各方面能力的发展，如自我控制能力、与人交往能力等，也都更为突出。鉴于游戏这种作用，在教育中、在沟通或者心理治疗中，游戏都被作为一种重要的手段而被广泛应用。

虽然都了解游戏的意义和重要作用，但很多妈妈仍苦恼于如何陪孩子做游戏，而李永爱博士的这本《妈妈也是游戏达人》正是为了帮助妈妈们解决这个问题的。我有幸提前拜读了这本书，我发现，不仅我自己从中学到了很多，而且我还用它其中的知识帮助了很多有各种各样问题的妈妈。

在这本书里，李永爱博士详细地介绍了妈妈们该如何了解孩子的游戏、如何通过游戏来了解孩子的内心世界。书中不仅教给妈妈们有助于孩子发育的游戏方法，还指导妈妈们在游戏过程中应该用何种游戏态度与孩子进行交流，这无疑是一本非常优秀的游戏指导手册。

本书作者李永爱博士是远光儿童咨询研究所所长，同时还在淑明女子大学社会教育学院任教，是一位有着丰富游戏治疗经验的临床专家。在本书中，李永爱博士将游戏理论和临床治疗完美地融合，所以，无论是对孩子家长来说，还是对借游戏来治疗孩子行为的儿童治疗专家或者是儿童咨询师来说，本书都是一本优秀的指南。

希望大家通过学习本书能像我一样获得幸福，也祝天下所有的妈妈和孩子幸福！

柳美淑

淑明女子大学教授
前韩国游戏治疗学会会长

编者寄语

用游戏互动开启孩子的内心世界

若干年前我决定成为一名咨询师，并义无反顾地踏上了这条路，再回首时，无数时光已经流逝。这个过程中，我遇到了好多的孩子和家长。每个人都有自己的困难和伤痛，而令人惊讶的是，孩子通过游戏这条途径都能明明白白地表达出自己的故事和自己的内心世界。

如果妈妈能再了解自己一点儿就好了；如果爸爸妈妈再多爱我一些就好了；遇到困难的事情我就无比紧张，想逃避；在学校难以和小伙伴和睦相处；我已经尽力了，但是身边的人的不信任，弄得我很有负担；我也想好好做受到表扬，但总是挨批评；爸爸妈妈每天吵架，真担心他们什么时候就离婚了……每个孩子的心里都有自己的故事，有自己的感受。他们不善于用语言去讲述，不能像成人们那样用语言来表达，但他们可以用游戏无比准确地表达自己的内心世界。

我的工作就是去了解和研究孩子的这些游戏语言，了解他们的感受，进而帮助他们。我在这个过程中见证了无数孩子寻找到真正的自我之后的喜悦，就像流浪者在旅行中寻找到宝物一样。如果想成为一个好妈妈，就应该去思考如何理解孩子的行为、什么样的培养方法能有效地适用于孩子。在这个过程中妈妈和孩子都寻找到自己的位置，和孩子共同成长。

在我所接触过的孩子当中，大部分孩子通过游戏治疗可以很快地找到自己的问题并解决好问题，但也有的孩子无功而返。每当这个时候，我的心情都很沉重，不断思考问题到底出在哪。静静反思后，我发现了一个重要的共同点，那就是这些孩子的妈妈只是把孩子交给咨询师，自己在一旁袖手旁观，所以很难从根本上解决孩子的问题。如果妈妈能积极了解孩子、和孩子分享心事，那么效果将会大大不同。

当然，了解孩子的内心并不是一件容易的事，这是因为习惯了用语言表达的成人很难理解孩子用游戏和行为所传达的非语言信息。另外，妈妈往往一心想培养好孩子，却忽视了孩子的内心。

那么，孩子能找到真正的自我吗？我经过再三思考得出的结论是，虽然孩子理解成人的语言有困难，但如果成人能了解孩子的游戏语言，对孩子就能有所帮助。我曾经花费好多时间来教妈妈如何理解孩子的游戏，如何通过游戏和孩子和睦相处，如何解决孩子的情绪问题，进而帮助妈妈们寻找促进孩子发育的方法。

如果妈妈不能彻底地解读孩子的内心，忽视孩子的要求，那么孩子就无法展示自己身上的闪光点。同时，在与孩子进行沟通的过程中，妈妈的态度也起着非常重要的作用。本书将我多年来工作实践中的经验进行整理，希望本书内容能帮助妈妈们都成为称职的妈妈，在家里给孩子提供最快乐、最幸福的环境，让孩子的生活和游戏融为一体，彻底放飞孩子的心灵。

良好的游戏互动好比一把可以打开孩子内心深处的钥匙。希望通过陪孩子玩最简单也最深奥的游戏，让孩子现在过得幸福，让孩子的未来变得闪闪发光。

李永爱

游戏治疗专家

目录

序
编者寄语

Part 1　通过游戏了解孩子的内心世界

Part 2 让孩子心理茁壮成长的游戏方案

Part 3　培养孩子提高自我调节能力的游戏方案

Part 4　提升妈妈和孩子幸福感的游戏方案

通过游戏了解
孩子的
内心世界

　　成人用语言来表达自己的情感，孩子对语言并不精通，还不能熟练使用语言，所以，孩子们用他们擅长的游戏代替语言来表达他们的情感和想法，并试图和他人进行沟通。妈妈如果能充分了解孩子的游戏中所蕴涵的意义，就能更好地促进孩子的成长发育。

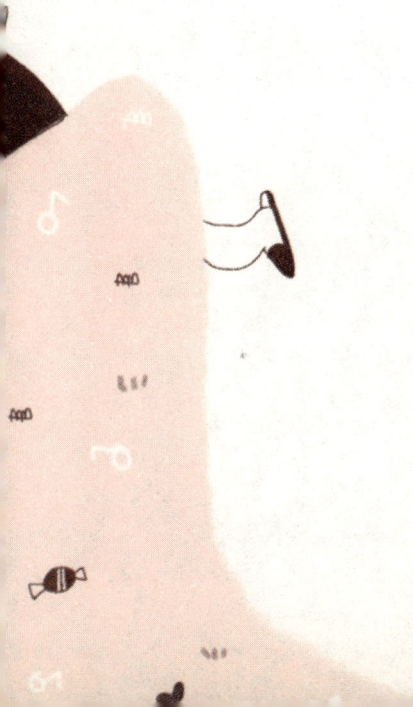

1.
通过游戏解读孩子的
内心世界

　　在解释为什么通过游戏能解读孩子的内心世界之前，我想先讲述几个例子。那是在我刚开始从事儿童心理咨询工作的时候，一个叫做志亨的读小学5年级的男孩，由于不合群被妈妈带到咨询中心来，小男孩先是和经验丰富的咨询师进行了初次交流，第二周才开始和我进行接触。记得我们那天玩了沙盘游戏。所谓沙盘游戏就是在装满沙子的箱子里放入各种模型，让孩子根据自己的想法来编故事，通过这个游戏来挖掘孩子内心深处隐藏的想法。志亨编的故事是这样的：一个孩子生病了来到医院，经过检查需要马上接受手术治疗，实施手术的是一位经验丰富的医生和一名新来的医生，新来的医生在经验丰富的医生的指导下协助手术。从志亨编的故事不难看出，他通过这个游戏极其准确地描述了当时的现实故事中新来的医生就好比是我，生病的孩子就好比是他自己。这件事使当时初当咨询师的我惊讶于孩子敏锐的洞察力，更加相信游戏的力量。

　　还有一个例子。9岁大的女孩瑾爱在聪明的姐姐和能干的妈妈的阴影下整天垂头丧气。她经常用蛇来形容家人，说蛇妈妈和蛇姐姐非常可怕。有一天在咨询中心玩医院游戏的时候，她让咨询师扮作医生，自己扮作患者，她把小球塞进自己胸前的衣服里，说自己呼吸困难要求手术。咨询师认真地扮演医生的角色，为她做了手术，将球取出，但是瑾爱又把球放回胸口再次要求手术，而且让咨询师与她不停地重复着这个游戏。她想用这个游戏表达什么呢？其实她想表达的是，渴望得到家人的关爱以及渴望无法实现时内心的压抑。

再来说说8岁女孩慧贞。她特别喜欢玩过家家游戏，每次都假装邀请许多人来家里开派对，让他们团团围坐在桌子旁，但是桌子上面却什么都没有。有一天她又换了新玩法，假装自己是饭店的主人，让咨询师假装当客人。她开始时向客人称赞一件东西是世界上最美味的东西，最后又改口说这是世界上最难吃、吃了就会死掉的"猪食"。其实慧贞想通过这个游戏表达她渴望得到更多的母爱。虽然妈妈很爱她，但是仍没有达到慧贞的期望值，这会影响母女关系的发展。

看到上面的例子你会不会大吃一惊呢？孩子们就是这样通过游戏来表达自己的情感和需求的。因为还没有熟练掌握和使用语言，孩子们不能充分表达自己的想法和情感，所以游戏就成了孩子们与人交流的手段。换句话说，通过游戏我们可以解读孩子的内心世界，也可以治愈孩子的内心伤痛。游戏如同一扇窗，仔细观察和倾听就能窥见孩子的内心世界。

在生活当中，快乐的事可能很快被遗忘，而痛苦的事却往往让人记忆深刻，特别是当一件事极具冲击性的时候，在人的内心会留下深刻的烙印，想摆脱却摆脱不掉。例如，经历过父母频繁吵架或者离婚的孩子总是郁郁寡欢，而且极容易导致其他问题的产生；遭受过性暴力的孩子虽然努力想忘掉曾发生的事情，但怎么也忘不掉；将愤怒长期压抑在心里的孩子会突然爆发……很多事例都表明，得不到疏导的感情会引起一系列的不适当行为。所以感受、感想是需要沟通和表达的。

能自由自在交谈的成人是可以用语言来解决这个问题的，而不能自由交谈的孩子们只能用游戏这种方式来表达自己的感受和感想。对于孩子们来说，游戏是生活，是自己的语言，是和他人交流的手段。就像鸟儿要歌唱、鱼儿要游泳一样，孩子们喜欢、也需要游戏。

如果能充分了解孩子们的游戏，能理解游戏背后所蕴涵的情感诉求，那么在游戏过程中孩子们就会很有安全感，会相信自己得到了充分的爱和尊重，这些对孩子的认知发育、社会性意识和创意思维发展都有着积极的影响。

　　现在妈妈需要做的事情就是要了解孩子的游戏，学会正确引导的方法。希望每位妈妈都可以成为游戏达人，帮助孩子健康快乐地成长。

2.
妈妈的游戏态度是
关键

　　如果问妈妈们，在孩子婴幼儿时期她们是如何和孩子相处的，很多妈妈都会回答"没怎么陪孩子玩"，"孩子几乎都是自己在玩，我做家务"或者"孩子需要的话就只给他读读书而已"。很多妈妈也很担心没有陪孩子玩是不是会影响亲子关系；是不是因为没很好地陪孩子玩，所以他才这样散漫不听话；不陪孩子做游戏，孩子会不会出现问题行为。

　　可以这样说，孩子们是通过游戏过程成长发育的，因此，擅长玩游戏的孩子要比不擅长玩游戏的孩子发育得更好更快，幼年时期游戏丰富的孩子要比游戏贫乏的孩子更能健康地成长。

　　那么，如果想要孩子更加健康地成长到底需要什么样的游戏呢？使孩子变聪明的游戏秘诀又是什么呢？什么游戏能有助于稳定孩子情绪、帮助孩子保持和他人的良好关系呢？如果有这种游戏目录可以让所有的妈妈们效仿和参照该有多好啊！但是很遗憾，没有这种游戏目录，有助于特定方面发育的游戏书寥寥几种。其实，这没有关系，因为真正有助于孩子发育的并不在于游戏本身，而是一起参与的人，即妈妈的游戏态度。

　　擅长游戏的孩子会变得聪明，对此深信不疑的艺露妈妈经常想陪艺露好好地玩游戏。"这个是红色的"，"这个是挖掘机"……妈妈一边陪孩子玩一边不停地告诉孩子这是什么、那是什么。但是，这是游戏还是学习？

　　6岁的敏珠和祖父母一起生活，只有周末的时候父母才来看她并带她去游乐场。敏珠平时胆子就小，到了游乐场更是往后缩。但是一心想要敏珠变坚强的爸爸勉强敏珠去玩那些游乐设施，结果总把敏珠弄哭。对于敏珠来说，游乐设施是玩乐工具呢还是学习工具？

　　5岁的艺娜因龋齿去牙科就诊，一回到家就让妈妈坐到沙发上装成病人，自己则拿着圆珠笔扮作医生。模仿牙科医生一玩就玩了好长一段时间。对于艺娜来说，牙科治疗是游戏还是学习？

　　读小学1年级的哲洙对汉字很感兴趣，和爸爸一起学习汉字时，学着学着就讲起了自己看过的中文漫画。哲洙对爸爸说"火焰攻击"，爸爸就回应"水盾防御"。如此来练习汉字，对哲洙来说是学习还是游戏？

　　艺露、敏珠、艺娜、哲洙分明都是在游戏，可是，谁是在真正玩游戏呢？艺露和敏珠将游戏变为了学习，艺娜将经历演化为游戏，哲洙貌似在学习实则在游戏。所以，4名孩子中真正在玩游戏的人只有艺娜和哲洙。

　　孩子被勉强进行的玩耍并不能叫做游戏。游戏应该是自发的、享受的、良好互动的。只有这样，孩子才能更好地表达自己，健康地成长发育。当我们的大脑自发地寻找到快乐的时候，记忆才会更长久。

　　所以以后不要再问"该让孩子玩什么样的游戏"这样的问题，事实上，来咨询中心的大部分妈妈都这样问过，这是个错误的提问。问题的关键不是"什么样"，而是"怎么样"，是"如何陪孩子玩游戏"。对孩子来说，最重要的不是该给他玩什么游戏，而是该如何和他一起做游戏。游戏只要孩子喜欢就行，跟其他事情没有任何关系。

　　而妈妈也不要只是单纯地教孩子如何游戏，而是要思考如何开发孩子的自发性、如何让孩子快乐、如何与孩子互动。妈妈的这种游戏态度才是进行一项有益的游戏的前提和基础。

3.
建立母子间的良好互动

　　心理学上有这样一个案例，有一天一位男士找到心理学家弗洛伊德倾诉了自己的苦恼。他5岁的儿子汉斯很害怕马，这位父亲不知道该怎么解决这个问题。弗洛伊德并没有直接跟汉斯沟通，而是通过父亲来进行治疗。弗洛伊德在这个过程中告诉孩子爸爸是如何反应的，这成功地降低了孩子对马的恐惧。像这样只通过咨询师间接的帮助来改善孩子的症状，正是因为父母在游戏过程中与孩子进行了积极的互动。还没有充分掌握语言能力的孩子通过游戏来表达自己的想法和情感，以此来和父母互动。

　　这种游戏的价值在很久以前就开始得到认可，但是，当时把重点放在了如何帮助孩子提高认知发展上。柏拉图教孩子用苹果数数，为了培养未来的建筑家而给他们小型的建筑工具玩耍。此后，众多学者们热衷于研究游戏和认知能力之间的关系，结果表明，擅长象征游戏的孩子有很强的"抽象思维能力、解决问题能力、发散性思维能力、理解意义的多重性能力"。

　　孩子们通过游戏不仅在认知上得到了发展，还解决了情绪上的问题。1940年英国伦敦发生爆炸事件的时候，成人们都在用语言表达自己的恐惧，而孩子们则是不停地玩着涂黑房子、扔炸弹烧毁房屋、拉响警报或者用救护车将伤者送入医院的游戏，以此来表达他们的恐惧。如此看来，游戏有着坦率地表现自我、治愈情绪的力量，如果将这种力量作用于母子间的互动，那么会对孩子的情绪发育起到良好的影响。

当孩子处于幼儿期的时候，妈妈们需要关注的是如何做既能帮助孩子发展认知，又能建立母子间的良好互动。正确的互动有助于提高孩子的自我尊重感、增强自我表达或自我调节能力、培养孩子良好的社会性。如果能很好地利用游戏的互动作用，就能更容易、更有效地对自己的孩子起到积极的影响。也就是说，如果能活用互动作用就能对孩子的发育、情绪、社会、心理等方面起到积极的作用，反之则会引发一系列问题行为。

当然，互动并不是一蹴而就的，是通过经验和教育逐渐形成的。现在让我们来逐一介绍一下建立母子间良好互动的各种方法。

4.
培养孩子良好互动的
5项原则

如何才能培养孩子的互动能力呢？妈妈可以通过孩子赖以沟通的手段——游戏来实现。为了培养孩子良好的互动能力，妈妈的端正的游戏态度尤为重要。

帮助孩子认知自我情感

想要和他人融洽相处，认知自我情感是最为重要的。因为一个人只有经历过或是喜悦、幸福和快乐，或是悲伤、不幸和痛苦的时候，他才能正确理解别人的感受，从而形成良好的稳定的人际关系。妈妈要帮助孩子充分认知自我情感并将其正确地表达出来。

和孩子快乐地玩耍

快乐的游戏有助于促进交流、缓和紧张气氛、自然地表现自己。所以，可以让母子尽情欢笑的活动都是大有裨益的。如果妈妈遵守下列游戏规则的话，可以更有效地促进和孩子之间的关系。

第一，不要把游戏时间变成学习时间和说教时间。游戏时间只用来一起玩、互相交流、传达心意。

第二，妈妈不要妨碍孩子的游戏思路，也不要按自己的想法来主导游戏，要玩孩子想玩的。如果按照妈妈的想法来进行游戏，那么孩子会渐渐失去主导性，甚至连自我表达都不会。

第三，妈妈只有关心孩子的行为和情感，才能真正理解孩子。要不断地关注孩子的反应，这样做才能让孩子感觉到自己受重视，才能让孩子信任妈妈，才能让孩子自然地表达他的情感。

第四，妈妈要洞察孩子的情感并用言语表达出来，这样才能帮助孩子去理解他自己在某一瞬间的自我情感。

包容所有表达

6岁的银珠从不拒绝小伙伴的要求，甚至在小伙伴抢夺自己的玩具时都没有任何反应，这是因为她害怕小伙伴不跟自己玩。银珠的这种行为主要表现为对自己不认同。

自我认同产生于孩子能感知其所要表达的所有情感，包括否定情感都能被妈妈包容。如果妈妈能够包容孩子的所有感受，包括孩子生气、受伤或者想任性的心理，那么孩子便不会压抑自己的情感，并将其坦率自然地表达出来。

这种互动在人生的第一次叛逆期和第二次叛逆期，也就是未满2岁时和青春期的时候要格外重视。此时，妈妈对孩子的消极表达能包容多少，孩子内心的自我认同感就增长多少，即使长大之后也会适当地表达自己的心情和想法，游刃有余地进行社会交往。

激励优于表扬

当孩子能稍微积累一些成功的经验，就能增强其内心的自信。想要给予孩子一些成功经验，首先要让孩子做一些很容易完成的事情，让他相信自己"我也能做到"。这样孩子才会懂得如何更自信地表现自我。

孩子成功的时候，妈妈也要和他一起高兴，并给予他赞扬。但是如果赞扬过度的话就会给孩子一种负担，让他觉得只有在成功的时候才能得到关爱和赞扬。所以，不仅要关注孩子成功的一面，还要在他失败沮丧的时候给予鼓励和支持。妈妈要重视过程而不仅仅是结果，要多给予孩子激励，这样才能促进孩子的情绪发育。

不要过分安慰

即使孩子对自己没有自信，也不要对他说"你很不错"，这样的安慰并没有任何帮助。

下面的例子是一个考试没考好的孩子和妈妈之间的对话。

孩子：今天的考试考砸了。我真是个笨蛋。

妈妈：什么话啊？你哪里是笨蛋！

孩子：我的脑子好像真的很笨。

妈妈：不是这样的。妈妈前两天还见到了班主任老师，老师还夸你很聪明呢。

孩子：老师对每个学生都这么说。

妈妈：难道老师在说谎？

孩子：他一次都没有表扬过我。我又不是不努力，但是考试总是考不好，这不是笨蛋是什么？

妈妈：再用功一点儿就可以啦。

孩子：还要怎样用功？怎么做都没有用，脑子笨有什么办法！

妈妈：你是妈妈的女儿，怎么会笨呢？

孩子：才不是，我就是笨。

妈妈：（不耐烦的声音）都说了你不笨！

孩子：我就是笨！

妈妈：（生气）不管怎么说，你就是不听妈妈的话，你是不是真傻了？

像上面这样，到最后妈妈并没有唤起孩子的自信心。当发生这样的情况时，妈妈应该做的是去倾听孩子内心的真实想法。当孩子发现父母关心自己的内心想法的时候，会感到自己受到肯定。上面的例子中，如果妈妈倾听到了孩子内心的声音，应该向他表达"努力学习但仍然没考好，你真的很难过，所以才会觉得自己是笨蛋"，"原来你是在担心成绩不好"。家长懂得倾听孩子的内心世界，孩子才会懂得去倾听别人内心的声音，这是感情和社会性发育的基础。

培养孩子调适自我情感

5岁的振明得不到自己想要的东西就绝不罢休。如果妈妈不满足他的愿望，他就会躺在地板上打滚耍赖或者捶打妈妈。

如果说认清自我情感是与人进行良好沟通的第一步的话，那么下一步就得学会正确调适自我情感。当得不到自己想要的东西的时候，虽然会生气或者觉得伤心，但是不能无视他人的感受而尽情发泄。像振明这样无法调适自我情感的孩子，即使长大以后也不会和别人和睦相处，更容易独断专行，按照自己的想法行动。自我调整是从幼儿期就必须开始练习的重要的心灵力量。自我调整能力也可以通过游戏来培养。

多进行肢体游戏

孩子小的时候主要是通过玩肢体游戏来学习如何调节自己的身体。通过观察和自己一起玩游戏的妈妈的反应，孩子不停地调整需要施加多少力量、如何运用自身的肌肉才能更有趣地玩耍。这是自我调整的基础，所以在孩子的儿童期给他提供到户外尽情玩耍的机会是非常必要的。

共同游戏

游戏是由两个以上的人一起进行的，所以必须制订要遵守的规则。由于要和其他人配合，有序地进行游戏，所以游戏在提高孩子自我调整能力方面起到了积极的作用。游戏的效果包括如下两项：

第一，游戏能促进互动。人们在社会生活中需要互相制约、互相交流。孩子可以通过游戏来经历这些。因为游戏需要和其他人一起进行，所以孩子可以通过游戏享受互动的喜悦，学习交际技能。

第二，游戏能促进社会化。游戏中有胜者也有败者，有竞争也有规则。虽然游戏偶尔会让孩子感到不安，但大多数时候都能给予孩子解决问题的力量。孩子为了顺利地完成游戏，会调整自我反应，自觉遵守秩序，增强自我控制，接受失败挫折。

帮助孩子自觉寻找动机

妈妈需要做的是教给孩子方法，而不是事事替孩子去选择和决定。如果妈妈主导着日常生活中的一切，孩子就没有机会学习调整自己的行为或情感。

孩子在成长的过程中会有自觉尝试的要求。在幼儿自然的发育阶段，如果剥夺其自觉尝试的要求，最终孩子就会在生活中丧失责任感，成长为缺乏责任感而又过于依赖别人的孩子。这样的孩子容易抱怨，进而内心会渐渐产生愤怒感，无法维持良好的人际关系。因此，作为家长，需要帮助孩子在行动中自觉寻找动机，培养责任感。

将主导权交给孩子

小学1年级的圣哲现在还让妈妈给他擦屁股、穿衣服、喂饭吃。到现在为止，在圣哲想要做某事之前，妈妈都已经为他安排好了一切，所以他并没有自觉想做某事的欲望。在学校也是这样，所以他经常被老师批评说想法幼稚、不思进取。

孩子到了特定阶段就会脱离父母的羽翼，产生一种想要自己决定某些行动的正常心态，也就是说，孩子也想过独立的生活。如果自己的这种意识受到保障和尊重，那么孩子就会积极地规划自己的生活。也只有这样，孩子才会懂得自己作决定，并且为所作的决定负责。通过这个过程孩子会逐渐产生自信，并且能够积极适应周围的环境。

培养责任感

建议妈妈们给孩子提供可以让他自己作决定、作选择的机会。如果孩子想先学数学再学英语，那么就不必非要按照妈妈的意愿先学英语。孩子对自己决定的事情会自然而然地产生兴趣。这样，不但可以让孩子自觉寻找动机，还可以培养其责任感，孩子也会尊重别人的主导权和责任感。

行动的动机可以从日常生活中的小事开始培养。孩子自己选择要穿的衣服，自己选择要读的书籍，自己选择先写哪门作业。责任感并不是成功时才产生的，而是从一些琐碎的小事中逐渐培养的。

帮助孩子认知他人的情感

8岁的海妍难以和小朋友们和睦相处，因为她总是按照自己的意志行事，从来不知道让步。所以时间长了，小朋友们就再也不和她玩了。

孩子首先要认清自己的情感并进行自我调整，当他充分了解了自己情感的时候才能真正了解别人的情感。如果想让孩子更好地了解他人的情感，妈妈就必须成为孩子的好榜样。比较好的方法就是和孩子一起坐地铁、一起去市场买东西、一起乘坐公交车，让孩子了解妈妈或者他人的行为和情感。通过这种方法，让孩子学会理解他人，懂得尊重他人。

父母是活动的教科书

所有人都根据自己的经验、经历来对待别人的感受。孩子以自己从父母那里得到的待遇或者父母的行为为基准，产生自己的情感并且将之表达出来。所以父母必须成为孩子的模范榜样。

第一，将日常生活中自己的感受用简洁适当的语言表述给孩子。妈妈不必将自己的所有情感都详细地说给孩子听，但是可以偶尔将自己正在经历的事情及感受告诉孩子，让孩子通过这些间接经验了解到，在不同情况下发生的事情会让人产生不同的心理感受。

比如，"妈妈又得做饭又得打扫，要做的事情太多，一点儿精神都没有。"

"看到你和弟弟一起玩耍的样子，妈妈感到很高兴。"

这样，孩子会了解妈妈也有开心和不开心，什么样的事让妈妈开心，什么样的事又让妈妈不开心。

第二，把和孩子相处时产生的情感用语言表达出来。如果妈妈把和孩子相处时所产生的情感用正面适当的语言表达出来，那么孩子就会明白自己的行为会对别人产生什么样的影响。

比如，"妈妈现在要做饭了，看见你的屋子里面乱七八糟的，妈妈很生气。妈妈要做所有的事，非常累，能帮帮妈妈吗？"

第三，向孩子展示如何用语言解决问题。夫妻间的对话和家庭气氛很容易影响到孩子。如果能好好利用这个条件，就会间接地培养孩子该如何和他人分享心事、合理协商解决问题的方法。夫妇间产生矛盾的时候，可以试着让孩子看到父母如何用对话来解决问题。

帮助孩子建立良好的伙伴关系

如何和别人和睦相处也是需要战略和技术的。有些孩子很容易和小伙伴打成一片，而有些孩子就显得力不从心。

孩子在和他人相处的过程中，要学会不断调整自己的行为并弥补自己的不足。所以为了培养孩子更优秀的社会性，就必须让孩子学会建立良好的伙伴关系。

实例1 东民的妈妈为了培养东民良好的伙伴关系，从他小时候开始就邀请小朋友来家里玩，并且很关注东明和小伙伴之间关系的变化。如果东民不让着小伙伴并由着自己的性子来的话就会受到妈妈的责备打骂。现在已经读小学3年级的东民对小伙伴总是无条件让步，只要一有钱就会给小伙伴们买吃的。

实例2 上幼儿园的水晶从小时候开始就和妈妈待在家里。妈妈并不热衷于交朋友，所以水晶也没有机会和其他小伙伴相处。现在上幼儿园的水晶既适应不了幼儿园生活，也无法和小伙伴相处。

东民的妈妈剥夺了东民自我选择的独立性，一味地要求东民谦让别人；水晶的妈妈并没有向水晶提供太多经历社会性的机会。像这两位妈妈，由于没有重视社会性的训练，都会导致孩子社会适应力低下。

社会生活的基础来自于家庭生活。在家庭中，如果妈妈按照下列方法来培养孩子的伙伴关系，那么孩子长大之后也会更好地进行社会生活。

第一，教孩子明白自己的行为会对他人产生何种影响。

第二，教孩子如何和他人进行适当的交流。

第三，教孩子如何处理伙伴关系中的矛盾。

第四，注重孩子与小伙伴之间关系的建立。

第五，教孩子如何和他人合作。

妈妈可以通过多种形式来帮助孩子健康成长，特别是可以通过孩子们乐于参加并且可以经常进行的游戏互动来实现。前文所阐述的5项原则都可以通过游戏来达到目的。

后面内容中就让我们看看为了能促进和孩子的良好互动，妈妈该如何正确地进行游戏吧。

PART 2

让孩子心理茁壮成长的游戏方案

　　每位妈妈都望子成龙，都希望自己的孩子自我尊重意识再浓一点，情感再丰富一些，表现力再好一点，责任感再强一些，能够再独立一些。然而这并不是孩子自己能够完成的，而是取决于一起生活、一起玩耍的人，也就是妈妈的态度。妈妈要倾听、理解孩子的心声，并以此来促进孩子心灵的成长，只有这样，才能实现望子成龙的夙愿。

1.
培养孩子自我尊重感的游戏

　　小学5年级的秀永每次玩游戏的时候都会担心自己输掉，总是很不自信地说："我不会玩。"所以当他最后输掉的时候也会生气地说："看看吧，我就说不会玩。"即使当他赢了，也不兴奋，他会说："是别人让着我。今天我只是运气好而已。"秀永是典型的没有自信、缺乏自我尊重感的孩子。

　　自我尊重感并不是别人评价"你怎么样"，而是自我评价"我怎么样"。这种自我尊重感包括"我值得拥有爱"的自我价值观，"不管问题如何困难我都能解决"的自我能力评价，"我很满意我自己"的自我满足感。

　　当然，不是有强烈的自我尊重感凡事就会做得很好，但是，有强烈的自我尊重感的孩子不会对自己不擅长的事情感到羞耻并加以掩饰，而是会积极面对现实。也就是说，具有很强的自我尊重感的孩子自信积极，和蔼亲切，体贴他人，擅长与他人交流，能与他人保持良好的关系。

　　与此相反，缺乏自我尊重感的孩子对自己的想法和能力并不自信，经常觉得别人的想法和能力优于自己，因此看不到自己一丁点儿的优点。一味这样下去，孩子最终会丧失自信，喜欢掩饰一切，难以与他人保持良好关系，经常会偏激地认为自己一事无成。

　　自我尊重感是孩子心灵健康成长的最基本动力。当然，当孩子出生的时候他并没有意识到"我真的很珍贵，我真的有价值"。对孩子来说，父母是最亲密、最重要的人，他们如何看待孩子、如何评价孩子、如何关心孩子，这决定着孩子的自我尊重感能否形成。从小就在批评和责备中长大的孩子在以后的生活中只会看到自己的弱点和短处，而一直接受鼓励和表扬长大的孩子则会发扬自己的长处而积极生活。妈妈正确的教育态度和关怀是孩子自我尊重感形成的根基。因此，对孩子来说，和妈妈保持健康良好的互动、快乐地度过童年时代比什么都重要。

那么，如果已经错过了这个时期，孩子的自我尊重感是不是就不可能形成了呢？绝不是这样的。人类自古以来就有在关爱中健康成长的渴望和遭受伤痛后自动恢复的能力。妈妈们所要做的，就是学习并实践能有效提升孩子自我尊重感的培养方法，同时也要学习如何正面引导和巩固根基并不牢固的自我尊重感。孩子的自我尊重感的形成可以凭借游戏来辅助完成，因为孩子喜欢游戏，而游戏又来源于生活。下面让我们来看看妈妈们应该有的正确的游戏态度。

游戏的主角是孩子

为了培养孩子形成健康的自我尊重感，首先需要做的就是让孩子真正感受到被关爱。妈妈百分之百地接受孩子、关心孩子、真心喜欢并享受和孩子在一起的时光，就能让孩子产生自信。而最能证明和培养孩子自我尊重感的秘诀就是和孩子一起做游戏。

游戏是孩子最自然最快乐的表达思想的途径。所以在开心地玩游戏的过程中孩子感到自己是被关爱的。玩游戏的时候需要注意一点，那就是游戏的主角不是妈妈而是孩子。

4岁的英姬遇到难题就畏首畏尾，不喜欢去幼儿园，缺乏自立意识。下面是她和妈妈的游戏场景。

妈妈：哎哟，这里这么多是什么啊？

英姬：（拿出兔子）是动物哦。

妈妈：你好像最喜欢兔子吧。那就来喂它吃东西吧。这里好像是兔子洞。我们给兔子造一个更好的房子好不好？给那边的兔子也造个房子。

英姬：嗯。

妈妈：（拿出各种东西）兔子都喜欢什么呢？

英姬：（拿出木头）喜欢这个吗？

妈妈：要不要和妈妈一起盖兔子窝？兔子村还有很多树，对不对？（模仿童话故事）它们一定都饿了。

英姬：（模仿兔子吃草）

妈妈：（模仿童话故事）雨季啦，雨季啦，雨下得多，这草长得也好。

英姬：（还是模仿兔子吃草）

妈妈：雨停了，花开了。兔子们很高兴，相亲相爱地生活着。

这个游戏中的主角是英姬还是妈妈？当然是妈妈。在游戏中英姬渐渐变成了旁观者。虽然妈妈很投入地和孩子游戏，但还是疏忽了重要的一点。为了培养孩子形成健康的自我尊重感，必须百分之百地接受孩子，而英姬妈妈却按照自己的想法来进行游戏。当妈妈给孩子提供一个让他自己决定并且随心所欲游戏的机会时，孩子会觉得妈妈百分之百接受了自己。否则就像英姬一样，在和妈妈游戏的过程中变成了旁观者，那么孩子会逐渐丧失自信，遇到事情不是自己去解决而是习惯性地依靠妈妈。如果妈妈的态度稍微作一下调整就好很多。

妈妈：哎哟，这里这么多是什么啊？

英姬：（拿出兔子）是动物哦。

妈妈：原来还有小兔子呢。

英姬：兔子现在在吃草呢……

　　与其补充孩子的话，不如全盘接受孩子的话。如果孩子能自己编故事，那么他自己就会成为游戏的主角，按照自己的想法来改变游戏的内容，这样孩子会感到自己确实得到了尊重。所以，在游戏过程中妈妈尽量不进行干预，这样才能和孩子轻松地玩游戏。

概念解释

角色游戏

　　英姬和妈妈玩的游戏叫做角色游戏。所谓角色游戏指的是让自己成为其中的主角并编故事的游戏方法。这时孩子需要自己决定角色或者游戏内容。据某项研究调查表明，角色游戏不仅有助于孩子的情感发育，还对孩子的创意思维发展、认知发育、社会性发育等都有着积极影响。

让孩子自己动手

　　自我尊重感是在独立性、主导性和自我调节能力三者相平衡的情况下形成的，即具有自觉做事的意识并亲自付诸实践，胜不骄、败不馁，勇往直前，不断挑战，这样的成功更能巩固自我尊重感。

　　妈妈的某些教育态度妨碍了孩子的这种发育要求，其中最明显的就是过度保护和过度干涉。换句话说，就是无论什么事情，孩子想要什么妈妈就给什么，或者在孩子想要之前已经给他准备好。还有的妈妈不但完全不让孩子做，还按照自己的想法来干涉孩子。这种培养方法完全无视孩子的想法，而是由着妈妈的心意行事，因此对孩子是有百害而无一利的。妈妈的这种培养态度在游戏中也有所表现。下面是爱耍赖的5岁男孩永洙和妈妈游戏的场景。

永洙：（看着妈妈）小汽车！

妈妈：让妈妈给你找小汽车吗？（找到小汽车后递过去）

永洙：宝宝坐在这里。（拿着别的小汽车）朋友一起吃饭吧。

妈妈：（从孩子手里拿过小汽车，全部放在餐桌周围）吃香蕉吗？

永洙：一起吃吧。

妈妈：（模仿孩子的声音）不要，不要。

永洙：（重新拿着小汽车）开始出发了。

妈妈：（拿过小汽车，让车子跑起来）咻咻……

上面这个例子中妈妈犯的最大的错误就是妈妈成为了永洙的手。永洙完全可以自己将车子放在餐桌边上，也可以自己拿着车子让车子跑起来。孩子自己动手玩游戏会获得"我能行"的自信感以及"我真的很珍贵"的满足感。

然而孩子只一个眼神，妈妈就心领神会并为其提前准备好一切的话，孩子就会产生"原来不需要我，真方便"的想法。这样发展下去，最终孩子将会形成思维定式，"离开妈妈怎么活啊？我不行，从来没做过"。因此，妈妈绝对不能事先准备好一切或者替孩子做一切事。

孩子的想法要优先于妈妈的想法

对孩子来说，游戏是表现自己的手段。如果身旁的人关心关注自己的游戏，并且能很好地了解游戏内容，那么孩子会觉得自己得到了肯定。所以，对于妈妈来说，与其急于表达自己的想法，不如先考虑现在孩子想做什么。

35

如何防止过度保护

· 妈妈不要先接触孩子正在玩的玩具。

· 即使孩子想让人替他做，妈妈也不要全部都做。

· 如果孩子一直要求，可以在开始的时候一起做，最后让孩子独立完成。

下面是爱磨人的4岁男童敏哲和妈妈的游戏场景。

敏哲：（拿出小汽车）

妈妈：哎哟，不是那个，看看这个。这是什么车子啊？

敏哲：卡车。

妈妈：这车子装载着什么东西啊？妈妈觉得好像是载着行李。这里还有椅子和书桌呢。

敏哲：（拿着车子撞向妈妈拿着的车子）

妈妈：哎哟，这是什么车啊？什么车呢？原来是警车啊。

敏哲：（拿出枪朝妈妈开枪）

妈妈：妈妈也来玩吧。（一起开枪）

敏哲：啊哈！（吼了一声用自己的枪对上妈妈的枪）

妈妈：不对，这不是刀，这是枪。

敏哲：（继续朝妈妈开枪）

妈妈：别这样做！怎么能向妈妈开枪呢？

敏哲：（这次向有动物的地方开枪）

妈妈：小鹿很善良很软弱，不要打它。要打就只能打可怕的狮子。

在这个游戏里敏哲的妈妈犯了什么错误呢？一开始敏哲想玩小汽车游戏，但是妈妈突然按自己的想法让孩子玩卡车。这是孩子想要的吗？无视孩子的想法突然就改变游戏内容，妈妈的这种举动会让孩子怎么想？

妈妈的这种游戏态度不断反复。当敏哲把枪当刀用后又遭到了妈妈的干涉。然而这是游戏，枪变成了刀又怎样？孩子只是发挥自己的想象力在进行游戏而已，妈妈的干涉让孩子无法进行自己想要的游戏。结果孩子通过攻击玩具来改变游戏方向，但是妈妈又再一次干涉，让孩子放过善良的小鹿攻击可怕的狮子。

妈妈想按自己的想法来玩，孩子也想按自己的想法来玩，这种情况反复出现在游戏中。妈妈一直想干涉孩子，孩子对妈妈的干涉开始愤怒。如果这种情况反复出现，最终孩子会通过对妈妈发牢骚或者发火来表达自己的不满。为了防止这种情况发生，妈妈正确的游戏态度是怎样的呢？

敏哲：（再次拿出小汽车）
妈妈： 把小汽车拿出来了啊。
敏哲： 是卡车。
妈妈： 哦，原来是卡车啊。敏哲想玩卡车游戏吧？

聪明小贴士

如何让孩子集中注意力玩游戏

· 妈妈要面向孩子。
· 看孩子所看的。
· 相信孩子每一个微小的举动都有意义。
· 寻找孩子喜欢并且可以反复的游戏。

如果妈妈一开始就知道敏哲的想法的话，孩子也许就能用卡车来玩自己想玩的游戏了。或者当孩子用枪对上妈妈的枪的时候，妈妈如果对他说"原来这个既可以变成枪又可以变成刀啊"，也许就会形成很愉快的互动。要说出孩子他现在所盼望的以及所想的，这才是良好互动的第一步。

如果妈妈能陪孩子玩游戏，孩子就会感到自己是受到关爱和尊重的，这也是自我尊重感形成的基础。所以妈妈不要做自己想做的，而是应该先考虑孩子想做什么。

给孩子自行探索的时间

每个孩子的发育速度都不同，对刺激的接受程度也不同。妈妈要按照自己孩子的发育程度和接受能力与他进行适当的游戏，以达到步调上的一致。大部分妈妈看到孩子的行动稍微迟缓一点儿就迫不及待地一直问问题，结果妨碍了孩子的游戏。这不仅仅妨碍了游戏本身，还妨碍了孩子的全面发育和健康的自我尊重感的形成。

下面是无法适应陌生环境的5岁男孩俊秀和妈妈的游戏场景。

俊秀： （正在玩过家家游戏）

妈妈： 俊秀要干什么呢？

俊秀： 要做冰淇淋。

妈妈： 俊秀很喜欢冰淇淋吗？不做饭吗？

俊秀： 好吧，也做饭。

妈妈： 要给谁做呢？

俊秀： 爸爸。

妈妈： 那妈妈呢？

俊秀： 也给妈妈。

妈妈： 弟弟呢？

俊秀：还给奶奶、爷爷和姨妈做。（从过家家玩具桶里拿出碗来，用筷子搅拌）

妈妈：妈妈说"俊秀吃饭啦"，那么俊秀该怎么说呢？

俊秀：请吃饭。

俊秀玩这个游戏时真的很开心吗？平时俊秀妈妈经常担心俊秀比其他的孩子发育晚，所以不停向孩子提问题，认为这样可以促进孩子的发育。俊秀想玩过家家游戏的时候，如果妈妈说"把碗拿出来了，你做什么呢"，以这种方式来观察孩子的游戏的话，俊秀也许会按照自己的想法玩得更有趣。不是妈妈想做什么，而是孩子想做什么，这才是重点。

而且要让孩子做他自己能做的，而不是做妈妈能做的。这是形成健康的自我尊重感的秘诀。

概念解释

过家家游戏

　　孩子最喜欢的角色游戏就是过家家游戏。通过这种游戏孩子可以表达自己所经历过的事，可以体验父母的角色，从而学习社会的规范。并且通过游戏不断熟悉周围发生的见闻，为己所用。

将孩子的努力过程用语言表达出来

即使妈妈没有积极地参与到孩子的游戏中去，也要让孩子感到"妈妈尊重我，对我很关心"。这是有秘诀的，不要只针对结果表扬或者惩罚孩子，同时也要关注过程。要想做到这一点，必须要用眼关注孩子之所做、用心理解孩子之所想，这是最基本的。

下面是正在高兴地往玩具卡车上放小动物的玄洙和妈妈的游戏场景。

玄洙：（拿出玩具卡车，将上面的小动物全都倒出来，然后想放回去。由于没有找对地方便不停地这里插插、那里捅捅）

妈妈：（无声地看了好一会儿，只有在玄洙找对地方的时候，摸摸他的头）啊，原来在这里啊。

当妈妈在静观自己游戏的时候，玄洙有什么感觉呢？玄洙是否会感到"原来我做得好的时候妈妈会表扬我呢"？事实上，孩子在得到妈妈表扬的时候会认为自己是受到关爱的。然而如果只是在做得好的时候给予表扬，那么孩子会理所当然地形成思维定式，"只有做得好，才能得到爱"。

对于妈妈而言，不要只有在孩子做得好的时候才去表扬他。如果只在孩子表现好的时候才有反应的话，孩子会因为无法了解妈妈的内心而产生误会。与之相反，如果只有在孩子做得不好的时候才有反应的话，孩子会认为"妈妈讨厌我了，我好像没有资格得到关爱了"。为了避免这种误会，妈妈必须要端正游戏态度。玄洙和妈妈可以换一种方式来进行游戏。

玄洙：（拿出玩具卡车，将上面的小动物全都倒出来。想找放奶牛的地方，但是没有找到）

妈妈：原来你在找位置啊。想给奶牛找位置但没有找到吧。这个……

玄洙：（终于找到了放奶牛的地方）

妈妈：啊！插上了。终于找到了。很动脑筋哦。

如果是这种态度，妈妈就会很自然地让玄洙明白，不管他做得好与不好，不管他成功还是失败，过程比结果更重要。如果妈妈做到这一点，当孩子遇到难题的时候，即使一开始就遭遇失败也不会绝望，他会享受这个过程并有信心鼓起勇气再次挑战。

激励孩子的4个阶段

· 第一阶段：关注孩子正在进行的行为。

· 第二阶段：用语言表述孩子的行为。

· 第三阶段：对孩子的行动，与其说"做得好"或"做得不好"这样的话，不如更多地使用"正在努力"、"很动脑筋"这样的句子。

· 第四阶段：事情结束的时候，与其将结果限定为成功或是失败，不如针对过程对孩子说"经过努力，终于如愿了"，"虽然努力了，但是没成功，很郁闷吧，下次再试试看"。

减少过度的赞扬

"我小的时候从来没有得到过父母的表扬，久而久之便丧失了自信。所以我想多表扬我的孩子。"这是一位来到我们咨询中心的妈妈的话，她不想再延续自己的伤痛，所以，即使是孩子的一个微小举动，她也会经常稍微夸张地予以表扬。可是，这么做真的会让孩子充满自信和自尊吗？

适当的称赞有助于让孩子维持良好行为，但是过度的表扬则会给孩子造成"只有好好做才能获得关爱"的负担，让孩子更多地想到"别人会如何接受我""我该如何做才能得到表扬呢"。过度的表扬并不会让孩子更自信，反而会妨碍孩子健康的自尊感的形成。

然而，大部分妈妈经常会在游戏中犯这种错误。下面是妈妈和孩子的游戏中经常出现的场景。

孩子：（坐在房子模型前面看着）这是我们的家。

妈妈：（稍微惊讶的嗓音）哇，这个房子真不错。

孩子：（拿出布娃娃，放在秋千上）

妈妈：哇，你真是太棒了，让娃娃坐在秋千上了。

孩子：（荡着秋千）

妈妈：你对娃娃真好啊。

妈妈把所有的精力都集中于和孩子做游戏，真真正正、全心全意地投入。但是如果每天都用这种方式和孩子玩耍，那么游戏时间很难超过10分钟。大部分妈妈认为表扬可以鼓励孩子，但这样做反而让孩子将焦点集中在可以得到表扬的行为中，而忘了考虑到底什么是自己想要的。最后，孩子就会依照妈妈的喜好来指导自己的行为。

更大的问题是，这种现象并不仅仅存在于孩子和妈妈的关系之中。孩子为了从妈妈之外的人那里得到表扬，会不停地思考别人期望什么。为了防止这种恶性循环，妈妈到底应该采取什么样的游戏态度呢？

孩子：（坐在房子模型前面看着）这是我们的家。

妈妈：（和孩子同样的声调）啊，是我们的家啊。

孩子：（拿出布娃娃，放在秋千上）

妈妈：让娃娃坐在秋千上了。

孩子：（荡着秋千）

妈妈：哦，娃娃在荡秋千啊。

游戏中采用这样的方式，妈妈会消耗很少的能量，从而用更多的时间和孩子轻松地玩游戏，也会给孩子时间去思考自己到底想做什么。这样，孩子在依据自己的标准进行判断的同时，也会考虑他人的想法来选择做什么。这才是具有健康自我尊重感的孩子的重要特征。

多夸奖，少批评

自我尊重感会因自己最重视的人对自己的评价不同而呈现出肯定或者否定的倾向。在妈妈责备中长大的孩子会形成消极的信仰和价值观，时间久了会让孩子陷入"我为什么总是犯错误"的自我不满和"我什么也做不好"的自我责备中。

某项实验研究验证了这一点。让一群4～5岁的孩子们猜谜语，根据孩子们猜对或者猜错时妈妈的反应，来观察孩子们的自信心和羞耻心如何变化。结果表明，如果妈妈在孩子猜错时表现出批判和否定的态度时，孩子就会对于失败表现出更多的羞耻心，即使成功了也不会很有自信心。与之相反，如果妈妈对孩子的成功表现出比失败更多的正面反应，孩子就会对自己的成功表现出更多的自信心，即使失败了也不会表现出过多的羞耻心。如此看来，妈妈的反应对孩子有着很大的影响。

平时就爱批评孩子的妈妈在进行游戏的时候也总会批评孩子做得不好。下面是5岁女孩恩雅和妈妈的游戏场面。

恩雅：（走进帐篷）

妈妈：你在干什么呢？（从帐篷的窗户处观察恩雅）

恩雅：（将帐篷入口用矮凳子堵住，在帐篷里面拿出布娃娃和布娃娃衣服）

妈妈：你在干什么呢？总是这么乱放，总是找不到你自己的东西。

恩雅：（为了不让妈妈看到，用身体挡住）

妈妈：还不给我看？谁想看了？出来一起玩别的游戏吧。

恩雅：（走到帐篷外，抚摸着玩具）

妈妈：得把这个整理好，知道吗？

恩雅：（重新回到帐篷里，将入口用矮凳子堵上了）

妈妈：你又怎么了？不喜欢和妈妈玩游戏吗？

恩雅：宝宝睡着了，宝宝乖。（在帐篷里待了好长一段时间才爬出来，拿出过家家游戏的工具）我要玩过家家。

妈妈：碗得放在这里，吃的喝的也要放在这里。玩完游戏后一定要整理。你总是乱放东西从不收拾。

恩雅：（把碗放得到处都是）

妈妈：都跟你说了不要到处乱放。在家里也这样，看，都弄脏了吧。

　　这种情况下，和妈妈玩游戏的孩子心情会轻松吗？恩雅妈妈本想和恩雅开开心心地玩游戏，可结果却事与愿违。也许妈妈以为恩雅最初进入帐篷后用矮凳子将入口堵住是在排斥自己，事实上只猜对了一半。平时经常受到妈妈批评的恩雅为了摆脱妈妈而进入帐篷，另一方面也是为了从妈妈那里独立出来寻找自我。然而妈妈对此加以干涉，之后不论孩子想做什么都斥责孩子，并翻出孩子之前的错事来妨碍游戏的进行。这种互动对彼此都是有害的，不管是翻孩子旧账的妈妈，还是一直在听的孩子都会很难过，这对彼此都没有好处。那么，什么才是正确的游戏态度呢？

恩雅：（走进帐篷）

妈妈：你在干什么呢？（从帐篷的窗户处观察恩雅）

恩雅：（将帐篷入口用矮凳子堵住，在帐篷里面拿出布娃娃和布娃娃衣服）

妈妈：你在干什么呢？你把布娃娃和布娃娃衣服拿出来了，一定是想玩布娃娃游戏吧。

恩雅：（为了不让妈妈看到，用身体挡住）

妈妈：啊！原来是想自己玩游戏啊。

如果想要孩子养成整理收拾的好习惯，在游戏结束之后再教也不迟。而且教的时候如果夹杂着"总是"、"经常"这样的词，孩子就会产生逆反心理，因此必须要注意。

可以对孩子说"今天整理好，那么就能更轻松地玩游戏啦"。换句话说，不要把焦点放在孩子做不了的、不能做的事情上，而是要放在今天稍有进步的、孩子做得好的事情上。将其表达出来的话，就会培养孩子健康的自我尊重感。

给孩子炫耀的机会

自信感是从亲身经历成功的那一刻诞生的。自己穿衣服、自己用杯子倒水喝、妈妈做饭的时候帮忙摆碗筷，让孩子从这些琐碎的小事开始实践，并品尝成功的滋味。这种成功经验的逐渐积累，孩子的自信就会如种子一样吐芽开花。

通过游戏可以获得很多成功的经验。妈妈不要阻止孩子，而是要给孩子炫耀的机会，这样孩子会试着自己解决问题，获得"我也能做到"的自信感。

关注孩子所擅长的

· 首先不要说"不可以"。

· 不要过度使用"经常"、"总是"、"每天"这样的词。

· 游戏时的教训只在行动出现时进行。

· 与糟糕的行为相比，多对今天稍有进步的行为进行鼓励。

下面是5岁女孩秀珍和妈妈的游戏场景。

秀珍：（递给妈妈布娃娃，想要给娃娃戴上帽子、穿上衣服）

妈妈：这么勉强往上套，布娃娃会疼的。（把娃娃拿回来）

秀珍：（偷偷地看了一下妈妈的脸色，把帽子和衣服扔到妈妈的面前）

妈妈：怎么突然把东西扔给妈妈？

秀珍：妈妈来做吧。

妈妈：好，妈妈帮你穿。

秀珍：不，不要这样。不对，要这样。

秀珍能从这个游戏中获得自信感吗？

秀珍本想自己给布娃娃戴上帽子、穿上衣服，为什么又把这些东西扔给了妈妈呢？是因为妈妈的态度。孩子本来想要自己给娃娃穿衣服，但是妈妈并不理解。因此孩子把解决问题的机会丢给了妈妈。如果这时妈妈能对孩子说"本来是你在玩的，妈妈不该代替你玩，这应该是你的游戏"，结局就会截然不同。然而，妈妈太爽快地接受了请求，替孩子解决了问题。

这时秀珍的心情又是怎样的呢？会因妈妈代劳而感到高兴吗？还是会因为游戏受到干扰而对妈妈生气呢？答案可以从秀珍之后的行为中找到。秀珍并没有因为妈妈代劳而感到得意，反而处处干涉妈妈的行动。妈妈的这种游戏态度长期反复的话，孩子以后便不会再想自己尝试做什么，总是会依靠妈妈，同时对妈妈的不满也会不断增加。妈妈应该记住，积累孩子成功经验的数量，是培养自信感的第一步。

如何积累成功经验？

· 与其说"好，妈妈替你做"，不如说"好，妈妈看着你做"。

· 无论孩子多么生疏、多么笨拙，都要等到他做完游戏。

· 不要催促孩子，不要说"为什么还不动手做"、"快点做"之类的话，要说"原来在动脑子想啊"。

· 比起顺利完成某件事情，要多激励孩子试图做某事的意愿。

不要把游戏时间当成训话时间

把养育好孩子的义务看得过重，妈妈就会产生一种过分的责任感，从而影响到妈妈和孩子的幸福。有着过分责任感的妈妈出于急迫的心情，经常想教孩子这个、教孩子那个，可往往又由于孩子无法立即学会就开始不耐烦。这样，孩子只会从妈妈那里听到和看到否定自己的一面，久而久之会开始怀疑自己到底是否有优点。

由于妈妈和爸爸工作忙，4岁男孩玄宇由姥姥抚养大。玄宇总爱要赖，为了评价妈妈与孩子之间的互动，咨询师让玄宇和妈妈玩起了游戏。

玄宇：（还是像以前一样只拿小汽车玩）我们去游乐园吧。

妈妈： 如果去游乐园了，你就不可以要赖说不回家。玄宇不会要赖的，对吧？

玄宇： 嗯，不会要赖。

妈妈： 之前好像要赖了一次，不会再那样了吧？

玄宇：（拿着滑梯）爷爷家的比这个长。（"咻"地就滑下来）

妈妈： 在那里玩得开心吗？但是去朋友家玩的时候向小伙伴扔什么东西了吧？为什么扔东西？是不是扔玩具了？

玄宇： 那是和他玩呢。

妈妈： 我是说向小伙伴扔东西，听说他哭了。你为什么那么做？是心情好才那样做，还是生气了？

玄宇： 心情好。

妈妈： 心情好的话就应该跟小伙伴好好地玩啊。

（一会儿后）

妈妈： 妈妈给你买了漂亮的衣服，为什么说要姥姥给穿？

玄宇：（移动着小汽车）看啊，看啊。

妈妈： 你为什么那么做？妈妈在和你说话呢。

玄宇：（看着妈妈）

妈妈： 你不是说要姥姥给穿吗？为什么？

玄宇： 因为我讨厌妈妈。

妈妈从玄宇的口中听到了"因为我讨厌妈妈"的话，心情可想而知。玄宇也没有心情玩游戏了，只想从妈妈那里逃离出来。妈妈不放过任何空隙想对玄宇进行教育和训诫。但是，这样的训诫真的会有效果吗？

像玄宇这样的双职工家庭，父母和孩子相处的时间并不多，担心代为照顾的人对孩子不上心，导致孩子养成坏习惯。于是，妈妈抓紧和孩子在一起的一切时间来施加干涉以改正孩子的习惯。然而，本该愉快的游戏时间硬是被妈妈破坏的话，孩子会觉得和妈妈在一起了无生趣，渐渐疏远妈妈。不要把游戏时间用来教育孩子，让孩子玩他想玩的。如果妈妈想和孩子说话，在玄宇开始说"要去游乐园"的时候，就可以对他说"去游乐园有意思吧。但这个小汽车是玩什么的啊"。把游戏时间还给孩子，这是培养健康的自我尊重感的重要一环。

★培养孩子自我尊重感 的游戏方案

大风游戏

游戏方法：家人们围坐一圈。担当大风角色的孩子站在中间吹气，坐在周围的人依照孩子吹气的方向和力度做出反应。全家人可以一起参与游戏，让孩子发现自己积极的一面。

魔镜游戏

游戏方法：和孩子一起照镜子，描述孩子的模样和表情。这时用"像……一样的眼睛""像……一样的鼻子"这样的比喻来表达。通过该游戏让孩子发掘自己与他人不同的重要价值。

可爱的你

游戏方法：妈妈和孩子面对面坐好。彼此就对方可爱的某个部位加以描述。比如妈妈说"啊，可爱的眼睛"，接着孩子说"啊，可爱的鼻子"。尽量避免重复，不断创造新的表达方式。

子口游戏

游戏方法：妈妈和孩子一个人指挥，一个人做动作。做动作的一方必须根据对方的指挥行动，如果做得不好就说一个对方的优点。

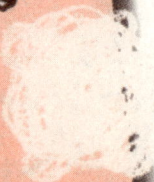

制作只属于我的书

准备杂志、孩子画的画、物品照片、家族照片等。

游戏方法：向孩子提议制作一本只属于他的书。让孩子将其所想的画在纸上。利用准备的东西装饰每一张画纸，在下面写下自己的感受和想法。将若干张画纸订在一起，做成书。通过该游戏培养孩子的自豪感。

制作优点目录

游戏方法：让孩子每天在一本小册子上写下一个自己的优点。这时妈妈也寻找自己的优点，写在本子上。1周之后，一起翻开小册子讨论各自的优点。

画自画像

准备画纸、彩笔、蜡笔、签字笔、镜子、照片等。

游戏方法：让孩子看着镜子或者照片观察自己的模样，并将观察到的自己的模样画出来。不需要画得跟照片或者镜子中的一模一样，而是要画自己所想画的。通过该游戏让孩子更好地表达自己。

2.
丰富孩子情感的
游戏

想要很好地适应社会生活并取得成功，需要有能和他人维持良好关系的能力。在现代社会中，一个人是无法独自生活的，只有与他人合作才可以更快更准确地获得自己想要的。

孩子在三四岁时，如果能养成良好的生活能力和情绪调节能力，这将对他在以后适应社会生活有很大帮助。孩子的情绪调节能力是在与父母、兄弟、小伙伴或老师产生互动的过程中锻炼培养的，当孩子的情绪反应被父母积极接受的时候，孩子的这种能力就会发展得更好。

那么，孩子是从什么时候开始了解并表达自己的情感的呢？一般来说，孩子到了12~28个月的时候就学会了了解自己的情感，到5岁的时候就会用自己特有的语言来表达情感。而这一时期正是妈妈和孩子经常玩游戏的时期，如果妈妈能很好地了解孩子的情感并用语言适当表达，孩子的情绪调节能力就会健康发展，心态乐观向上。

下面让我们来看一看为了培养孩子健康的情绪，妈妈该采取何种游戏态度。

寻找孩子行为背后的原因

每个人都有自己的生活的方式和准则，以此来指导自己的行为，孩子也是一样，因此，孩子的所有行为的背后都有自己特定的理由。

当然，并非孩子的所有行为都是妥当的。天性敏感不能很好地自我调节、在成长过程中受到很多负面评价，这些因素都会导致孩子出现一些不恰当行为。很多时候孩子也不知道自己为什么会出现这样的行为，所以即使问他为什么这么做时，也只会得到"不知道"、"想做就做了"这样的回答。但还是那句话，孩子的一切行为都有他自己的原因，因此，只要稍微关注一下孩子，就会很容易地了解他的内心世界。

下面是5岁女孩美琳和妈妈玩娃娃游戏的场景。美琳不太容易和弟弟和睦相处，经常要赖、无理取闹，甚至偶尔具有攻击性。

妈妈：你好，我是露儿，你是谁？（碰了碰孩子手里的娃娃）

美琳：（稍微有些紧张，一句话都不说）

妈妈：你好，我是露儿，你是谁？

美琳：（拍打着妈妈手里的娃娃）

妈妈：为什么打娃娃呢？这么做是个坏孩子。

美琳：啊……（又打了娃娃几下）

妈妈：美琳在打娃娃，为什么？

美琳：啊……（接着打娃娃）

妈妈：不喜欢娃娃吗？那我们不玩娃娃游戏好不好？

美琳：啊……

妈妈：别玩这个游戏啦。还想玩的话，你要道歉哦。打人是不对的。

美琳：（还是动手打娃娃）

妈妈：不喜欢和娃娃一起玩吗？

美琳：想玩。

妈妈：想一起玩的话就不能总是这么打娃娃，要道歉。

美琳：不！

妈妈：那么这次就这样。你好，我是露儿，你是谁？我们一起玩吧。（用娃娃的手去抓孩子的手）

美琳：（脸色紧张，缩回自己的手）

妈妈： <u>不喜欢和娃娃拉手吗？</u>

美琳： 嗯。

★在这里美琳和妈妈玩的游戏是角色游戏。

在这个游戏中，美琳的行为让人难以理解，但可以肯定的是，妈妈的游戏态度让孩子感到紧张。因为紧张，有的孩子会表现出态度冷漠，有的孩子则会像美琳一样表现出攻击性。因此，妈妈要观察孩子是否喜欢这个游戏，如果不喜欢的话就需要了解孩子为何不喜欢。

美琳妈妈其实并不需要千方百计地主导游戏，了解孩子的行为并用言语表达出来才是更重要的。如果妈妈在多次努力后孩子还是排斥的时候再去了解孩子的内心，这多少有点亡羊补牢的感觉。其实，在一开始游戏的时候，如果孩子表现出有些紧张并对妈妈的问题不予回答，妈妈就需要马上去了解孩子的内心感受，与其坚持继续玩不如对孩子说："原来是被吓到了，那我们就不这么玩了。"

若想在游戏过程中及时知道孩子的内心想法，就必须快速捕捉并分析孩子的肢体和表情所传达出来的信息。与了解孩子的行为本身相比，了解其行为背后的原因可以给予孩子心理上的安全感，所以，妈妈们一定不要错过在游戏过程中了解孩子的内心世界。

聪明小贴士

如何寻找孩子行为背后的原因

· 仔细观察孩子的面部表情和肢体语言。

· 仔细观察孩子的反复性行为，在这种行为背后往往隐藏着孩子的某种内心感受。

· 孩子的不恰当行为往往是因为对某些事物感到不适才产生的，要努力探寻是什么原因让孩子感到这种不适。

解读孩子的内心比批评孩子更重要

如果能了解自己的内心情感，那么也会很容易理解他人的内心情感。所以了解自己的情感比什么都重要。然而对于大部分妈妈来说，与了解孩子的内心情感相比，她们更关心的是如何能教会孩子一些东西。这样做无疑让孩子没有机会倾听自己的心声，最终也就无法理解他人的情感。所以，对妈妈来说，在一旁协助孩子正确掌握他自己的情感并将其表达出来是很重要的。

下面是无法和小伙伴和睦相处的小学2年级学生志英和妈妈玩桌面游戏的场景。在这个游戏中，只有当谁将骰子掷出数字6时，谁的马才可以出发。妈妈不停地将骰子掷出6，所以妈妈的4匹马都出发了，可志英的马却1匹都没有出发。

妈妈：（骰子掷出6，移动马）出发！一、二、三。只有你的马没有出发，是不是很郁闷？

志英：我这次一定要成功。（掷出数字6，欢呼一声，手舞足蹈）哇！

妈妈：志英心情真好，还跳起舞来了呢。

志英：（担心下次掷不出想要的数字，有点焦虑）下次掷不出来6怎么办？

妈妈：没有必要提前担心。

当妈妈说"只有你的马没有出发，是不是很郁闷"时，这句话很好地描述了志英当时的心情。但当孩子担心下一次又会输掉时，妈妈却又教育他说"没有必要提前担心"，这就不太恰当了。

妈妈要很好地包容孩子的情感，不要说带有教训意味的话，要了解孩子不安的心情，也就是说要全盘接受孩子的心情，要与其产生共感，这将有助于孩子了解自己的内心世界。"没有必要提前担心"这句话含有教训的意味，如果换一种说法，比如"虽然很高兴终于有马出发了，但是志英还在担心其余的马能否出发吧。尤其是妈妈的马已经都出发了，所以你一定更着急了吧"，这么说效果会好很多。

通过妈妈的这种反应和表达方式，志英也就更加明白自己当时的心理状态。在这种环境下成长的孩子才能恰当地表达自己的内心，并且也能够了解他人的情感。

妈妈应该采取的游戏态度

妈妈不要干涉孩子的做法，而是要和他一起度过愉快的游戏时间，这并不是一件难事。当孩子做某事的时候，要将孩子的行为如实地用语言表达出来，也就是要解读孩子的行为，例如"原来小机灵鬼正在忙着做东西啊"，"原来在思考接下来要怎么做啊"。这样孩子可以不受干扰地继续按照自己的想法玩游戏。当然，这么做时一定要把握好尺度，如果将孩子的所有行为都用语言描述出来，这种过度解读的做法可能会对孩子造成干扰，因此一定要适可而止。

如果想要彻底地解读孩子的行为，不仅要描述孩子所做的事，还要将孩子内心深处的情感用语言加以表述，这样才能给孩子了解自我情感的机会，进一步学会用适当的语言来表达自己的情感。

下面是不听妈妈的话、经常与人起摩擦的3年级学生振锡和妈妈玩桌面游戏的情景。

振锡：（正在组装游戏用道具）

妈妈：（读说明书）振锡，这是不是和过去的游戏差不多？

振锡：妈妈，我现在正忙着呢。

妈妈：你正忙着吗？

振锡：（继续组装）好啦！

妈妈： 这是一个骰子吗？

振锡： （组装过程进行得不顺利）①为什么不行呢？

妈妈： ②不是你把这两个卡在一起的吗？

振锡： （继续组装）不知道。

妈妈： ③这些都得插上吗？开始游戏之前要作这么多准备呢。

振锡： 玩别的游戏吧。

妈妈： ④真拿你没办法，振锡。说玩的是你，说不玩的也是你。

还没开始玩振锡就放弃了游戏，为什么会出现这样的结果呢？

当孩子说"妈妈，我现在正忙着呢"的时候，妈妈正确的回应应该是"原来你正忙着啊"。在游戏开始时与其问孩子"这是不是和过去的游戏差不多"，不如先解读孩子的行为，"原来你在想如何组装游戏啊"，或者"原来想把这个和那个卡在一起啊"。而且，当孩子的行动进行得不是很顺利的时候（①），不要像②那样说，而是应该先解读孩子内心的想法，"以为都完成了，没想到没那么简单吧"。然而，妈妈不仅没弄明白振锡的内心想法，还将自己不应有的情绪发泄出来（③），最终导致振锡放弃了游戏。当孩子这样做的时候，妈妈不要像④那样批评孩子，而是要接受孩子所有的想法，"组装没能顺利完成，加上妈妈说了一些不该说的话，所以想放弃游戏了"。

在游戏中，解读孩子的行为和解读孩子的内心都是极为有效的方法。以这种态度进行游戏，孩子不会无视或压抑自己的情感，而是能坦诚地正视自己的心理状态。

用恰当的词语准确表达孩子的情绪

如果孩子对自己的情绪过于在意反而会产生不安。如果妈妈用恰当的词语准确地描述孩子的情绪，那么孩子就可以明确地了解自己的情感，顺利克服并调节自己的消极情绪。这个过程可以培养孩子自如地操纵自己情绪的能力。

下面的对话中，妈妈就是用一些词语准确地表达孩子的某种情绪。

▶游戏中，妈妈不小心将孩子做的东西碰掉了。

妈妈：（不小心将孩子做好的东西碰掉了）

素熙：哼，为什么碰掉了我的东西？

妈妈：不要生气。➡是啊！素熙生气了。

▶一家人在玩桌面游戏。

妈妈：我们英美玩得不错啊。

英美：我好像是倒数第一。

爸爸：你手指尖的力量控制得很好。➡看样子英美好像在担心自己是倒数第一。

▶爱吸手指、喜欢耍赖的4岁女孩熙珍和妈妈的游戏场面。

妈妈：熙珍！

熙珍：哎呀！（发出惨叫）

妈妈：呵呵，熙珍，来唱唱这首歌。➡哎呀，吓了一跳。

熙珍：（马上和妈妈一起唱狮子歌）

妈妈：熙珍，（拉住孩子的手）看那里，有你喜欢的布娃娃哦。

熙珍：（和妈妈一起看着布娃娃）

妈妈：这是布娃娃妈妈，这是布娃娃爸爸，布娃娃宝宝呢？

熙珍：在这里。（模仿宝宝的哭声）呜哇……

妈妈：嗯，熙珍就是这么哭的。

熙珍：呜哇……

妈妈：熙珍不可以哭哦。你都长大了，不是小孩子啦。

➡想像孩子那样一直哭吗？原来想变成孩子啊。

熙珍：（停止了哭声，马上又看向动物玩偶）

像这样，若想要轻易解决问题，方法就是用恰当的词语来描述孩子的感情。这时候只有妈妈全身心地感受孩子的内心，孩子才能更好地处理和调节自己的情感。

将行为、想法与情绪结合表现

不仅是婴幼儿期的小孩子，就连青少年也会有很多时候不知道自己为什么会出现某种行为。这是因为没有很好地将自己的行动、想法和情绪相结合。在这种情况下，孩子或者做出与现实脱节的愚蠢行为，或者表现出过度攻击性或过度畏惧。

特别是具有反抗性的孩子，他们难以认清并接受自己的情感，由于压抑或者逃避情感，更容易使问题恶化。因此，如果妈妈从孩子儿时起就试着将行为、想法与情绪三者联系起来与孩子对话，那么孩子们就会积极地面对自己的情感并自行调节。

下面是小学4年级的智恩和2年级的智英玩桌面游戏的场景，姐妹俩经常争来争去。姐姐智恩比妹妹智英更善于玩桌面游戏，所以妹妹多少有点不痛快。

咨询师：智英的表情有点僵硬哦。

智恩：笑一个。

咨询师：啊，原来是因为姐姐的马先出发了而不痛快啊。

智英：（点头，移动姐姐的马）

咨询师：移动姐姐的马，看样子是想给姐姐制造障碍吧。

智英：（掷出骰子，但是一直没有打出自己想要的数字，话越来越少）

咨询师：想抓住姐姐的马，但是没有成功是不是啊，智英？姐姐的马都出发了，看来你好像很不高兴啊。

如上所示，为了将孩子的行为、想法和情绪联系起来，需要仔细观察其面部表情和发生的状况。很多时候，即使孩子无法用语言准确地表达自己的情感，也能通过游戏以行动将情感无比精确地表达出来，所以妈妈一定要重视这种肢体语言。

概念解释

表达情感的词语

●表达基本情感的词语

幸福、惊讶、可怕、生气、讨厌、伤心

●其他表达情感的词语

妒忌、羡慕、担心、惊慌、失望、挫折、抓狂、孤单、自豪、胆怯、难过

准确表达妈妈的情绪

一般来说，妈妈对孩子生气的时候，经常表里不一。有时虽然表面上在生气，但实际上却主要是担心；有时虽然表面上装作没有生气，但是心里已经气得冒烟。妈妈不能如实地表现自己的情绪会让孩子产生混淆，久而久之，孩子也会隐藏自己的情感或者呈现出表里不一的行为特征，这也会对孩子在与人交往方面产生不良影响。因此，妈妈首先要正确了解自己的情绪，并在和孩子玩游戏的过程中准确地表达自己的情绪。

下面是小学3年级的朱美和妈妈玩游戏的场景。

妈妈：（不耐烦的声音）朱美，你好像又在担心自己会输吧，为什么这样呢？

朱美：您在对我发脾气吗？

妈妈：<u>没有，我是觉得你好像太过于担心。这只是游戏……</u>

妈妈认为游戏就是游戏，要开心地玩，因此当看到朱美担心输掉游戏时，觉得她太脆弱，所以对此有些担心，但却表现出了不耐烦。妈妈应该准确整理一下当时的想法，妈妈的"担心"实际上是一种"不安"。妈妈不该将不安隐藏起来或者错误地用发脾气来掩饰。为了和孩子正确地对话、开心地玩游戏，妈妈也需要正确认识自己的情感。如果换成下面的对话，效果就会大不一样。

妈妈：<u>（不耐烦的声音）朱美，你好像又在担心自己会输吧，为什么这样呢？</u>

朱美：您在对我发脾气吗？

妈妈：<u>没有，看到你好像很担心的样子，妈妈对此也感到有点不安……</u>

如果妈妈能准确把握自己的情绪并表达给孩子听，就可以和孩子愉快地、有趣地继续玩游戏，这也有助于孩子正确地了解自己的情感。同时，孩子也会意识到，自己是通过妈妈的帮助才弄清楚自己的情感，这样也可以让孩子更好地理解别人的心意，这也是与他人缔结友好关系的基础。

用正确的方式表达否定情绪

如果妈妈经常表现出生气、不耐烦、痛苦的样子，那么孩子就会不愿意接近妈妈，他们会认为是由于自己的原因让妈妈这样，所以，有的孩子因为不想看到妈妈这样而远离妈妈，有的孩子则被妈妈强烈的情感压制住而无法表达自己的情感。成人对于不高兴的事可以一笑而过，然而对于年幼的孩子来说，如果受到训诫或呵斥，只会从中受到伤害。因此，妈妈要学会好好地表达自己的情感，这样，孩子也能学会如何正确表达自己的情感。

下面是小学6年级的惠敏、3年级的贞敏和父母一起玩游戏的场景。游戏的内容是，通过观察卡片上画的某种面部表情来描述这种情感类型以及产生的原因。

爸爸：（翻开卡片，上面画的是生气的表情）嗯，好像生气了。

惠敏：为什么这个人会生气呢？

爸爸：①是因为惠敏和贞敏不止一两次，而是总是不履行约定吧。

惠敏：我什么时候那个样子啦？

妈妈：难道没有吗？

贞敏：姐姐，你那次看完gag concert后，不是没写作业嘛。

妈妈：对啊。

爸爸：约定不就是相互间决定要遵守的规则嘛，违反约定的时候爸爸就会生气的。

游戏有助于孩子们自然地表达自己的情感，然而在这个例子中，爸爸把自己的情感用训诫的语气表达出来。如果游戏经常在训诫的气氛中进行，孩子就不会再和爸爸玩游戏了。

将带有训诫语气的话（①）可以换成下面的表达。"看到这个表情，爸爸想到一件事。我们曾经约定过看完电视要写作业，但是你们好像没有做到。那时爸爸的心情就像这个人一样，想到你们长大以后也是不守约定的人，爸爸就很伤心。"

像上面这样说就没有对孩子进行任何埋怨和责备，只是坦率地表达了那种情况下爸爸的心情。

像这种在不伤害双方情感的前提下，坦率表达自己情感的方法，我们可称之为"我心表述法"。和孩子进行对话的时候，如果使用这种方法，就会减少对孩子心灵的伤害。

"我心表述法"可分为3步。第一步描述事件经过，像例子中的爸爸一样将让自己生气的事娓娓道来。这时候重要的是不要掺杂任何带有埋怨的否定情感，否则孩子会为了证明自己而顶嘴或者生气，最终对话失败。第二步是表述这件事情对爸爸的影响。第三步是用语言表达爸爸对这件事情的感受。游戏只是让这种对话更容易、更轻松进行的途径。

轻率的安慰如同火上浇油

不要轻易对无法确信自己行为的孩子说"没关系"，这徒劳无益，只能让孩子认为妈妈并没有了解自己的内心而更加郁闷，甚至会向妈妈发火或者表现得孤僻。此时，比起"没关系"这句无用的安慰，"伤心了吧"这句能正确理解孩子心情的话语显得更加温暖有力。

下面是小学3年级的润熙和妈妈的游戏场景，游戏内容是按下按钮使球投入对方的球篮中。

妈妈：宝贝！看号码一个一个来。

润熙：太累了，要不停地瞄准。

妈妈：做得很好啊。润熙，继续加油。

下面是小学2年级的美爱和妈妈玩桌面游戏的场景。

妈妈：美爱也该出发了。

美爱：（露出遗憾失望的表情）

妈妈：啊，没关系，孩子。

得不到自己想要的东西就变得很暴力的5岁孩子振宇和妈妈的游戏场景。

振宇：（正玩弄着布偶，旁边的鳄鱼玩具突然动起来，吓了一跳，放下了手中的布偶）

妈妈：（笑着）害怕了吗？害怕什么啊？一点都不可怕。

振宇：（僵直了一会儿，直到鳄鱼玩具静止下来，才重新开始玩布偶）

上面的例子中，润熙和美爱从妈妈的话语中获得到力量了吗？振宇听了妈妈的话害怕就会消失吗？润熙、美爱和振宇的妈妈没有及时准确地告知孩子他们的心情，润熙是因为没做好而伤心，美爱是因为没有如愿而失望，振宇则是因为意料之外的状况而受到惊吓。这个时候，与其说服、安慰，不如好好了解孩子的内心，妈妈应该换成另外一种表达方式。

妈妈：做得很好啊。润熙，继续加油。➡ 原本想好好地做，但想瞄得准真的很难啊。

妈妈: 啊, 没关系, 孩子。→ 哎呀, 你一定失望了吧。

妈妈: (笑着)害怕了吗? 害怕什么啊? 一点都不可怕。→ 哎呀, 振宇被吓了一大跳吧。

像这样抚慰孩子的心灵, 正视孩子的情感, 才能让彼此之间形成一种轻松和谐的关系。

让孩子敢于袒露心声

谁都有喜、怒、哀、乐各种情绪, 但我们要尽力漠视或者轻视"怒"的存在, 因为它是引燃伤身伤心之"火"的魔咒。如果能很好地控制住怒火, 就会转变为希望的能量。重要的不是消"火", 而是培养调节"火"的能力。

孩子往往在游戏过程中才能自然地表达自己的各种情感, 比如他们通过刀枪游戏、角色游戏、桌面游戏等来表达兴奋、喜悦, 甚至是生气、想破坏的心情。

下面是脾气暴躁、乱扔东西的5岁男孩振万和妈妈的游戏场景。

振万：（递给妈妈一个小球）玩这个吧。

妈妈：（接过球）这个打在身上会疼的。不可以用它打人，知道吗？

振万：嗯。

妈妈：用这个打人可以还是不可以？

振万：不可以。（不一会儿，瞄准玩具机器人把小球扔了过去）

妈妈：妈妈刚才是怎么说的？不可以打人，要朝墙上扔才对。如果你现在打机器人，以后就打向人的。

振万：（拿着球走到坐在后面的咨询师面前，递过球）给你。

下面是小学3年级的爱景和妈妈的游戏场景，游戏内容是按下按钮使球投入对方球篮中。

妈妈：爱景！

爱景：（轻轻叹息）哎。

妈妈：怎么了？妈妈进球了你不高兴吗？

爱景：我想快些进球。

妈妈：游戏是有规则的。如果想进球就要遵守规则。

振万和妈妈玩着玩着游戏，突然不玩了，向坐在后面的咨询师走去，为何出现了这种状况？因为妈妈将振万的活跃误认为是攻击性行为，不断加以阻止，于是振万想从妈妈的阻止中摆脱出来。而爱景对妈妈的态度更加无奈了，因为妈妈总是无视自己的心情并不断强调游戏规则，使她更加伤心。

妈妈之所以这样对待孩子也都是有原因的。振万的妈妈因为经常担心振万的攻击性倾向，于是总想将这种倾向消灭于萌芽之中。而爱景的妈妈认为，如果孩子在游戏中不遵守规则，在学校中也不会遵守规定，所以总是严格要求孩子。可是，妈妈们的这种担心反而只会招来孩子的消极情绪。如果孩子在游戏中能顺利自如地表达自己的情感，那么他们自然也会增强如何调整自己火气的能力。

如何才能培养孩子的这种调节消极情绪的能力呢？对振万来说，应该让其尽情地向玩具机器人扔球，让他健康愉快地发泄自己的精力；而对爱景来说，妈妈应该说一些体谅孩子焦急的心情的话语更加适宜。这种游戏态度可以促进孩子的情绪表达，有助于孩子适当控制自己的情感。将控制孩子行为放在控制孩子内心之后，会事半功倍。

概念解释

好的游戏没有固定模式

要给孩子一个认知、表达自己情感或者他人情感的机会，但这种能丰富情感的游戏并没有固定的模式。无论何种游戏，只要能和妈妈愉快地玩耍，在玩的过程中相互交谈、交流，都会有好的效果。重要的是和孩子一起玩耍时妈妈的态度，从妈妈的游戏态度，孩子可以学习并练习如何表达自己的情感。

掷飞镖游戏

游戏方法： 在空白卡片上画出掷飞镖所用的靶子。让孩子边投掷飞镖边说"我最讨厌×××"，以此来发泄自己的某种消极情绪。妈妈也如法炮制，边投掷飞镖边表达自己的感情。

情感词语猜想游戏

游戏方法： 在空白卡片上写出各种表达情感的词语。妈妈首先投掷骰子，查看骰子停留的地方所写下的词语，描述何时何地曾有过这种感受。接下来由孩子用同样的方法进行游戏。这个游戏能让孩子发掘自己不同于他人的独有的重要价值。

情感拼贴画

游戏方法： 准备卡片若干，和孩子在卡片上写下表达各种情感的词语。孩子和妈妈各选一张卡片。如果孩子选择的卡片为"幸福"，便在画纸上来表达何谓"幸福"，可以从杂志上剪下照片或者直接画画，也可以贴彩纸。可以和妈妈一起完成，妈妈偶尔也可用自己选择的情感词语完成拼贴画。

提问与回答游戏

游戏方法：妈妈和孩子选择各自喜欢的布偶，互相提问。先从轻松的问题开始，然后扩展到更具体的问题。例如，妈妈拿着布偶问"我喜欢的食物是什么"，孩子就操纵布偶回答说"冰淇淋"。然后再慢慢扩展到"今天伤心的事情是什么"这样具体的问题。通过游戏让孩子学会用语言表达自己遇到的问题。

用词语表述情感

准备卡片和硬币若干。

游戏方法：制作情感卡片。和孩子一起汇总日常中经常用到的表达情感的词语，并分别写在卡片上。讲述自己想说的故事或事情及在其中获得的感受，将硬币放在写有描述这种感受的词语的卡片上。硬币的多少可由感受的程度来决定。妈妈可以先示范游戏。例如，妈妈说："今天妈妈醒来时已经很晚，大吃一惊，担心送你上学会迟到。"然后在写有"吃惊"的卡片上放上硬币，妈妈可以按照吃惊的程度来决定放硬币的数量。妈妈做示范，孩子也按照同样的方法来进行游戏。

涂鸦游戏

准备纸张和铅笔若干。

游戏方法：妈妈在纸上任意画线。将这张纸给孩子，利用妈妈所画的线让孩子自由发挥完成图画。全部画完后针对图画进行交流。

处理垃圾游戏

准备纸信封和6张卡片。

游戏方法：在纸信封上画画。让孩子在6张卡片上写下困扰自己的问题，3张为在幼儿园或学校遇到的问题，3张为在家庭中遇到的问题，并将其放入信封中。将这些问题称为垃圾，每天拿出一个，就解决方法与孩子进行交流。

角色游戏或者假想游戏

游戏方法：一起读古代故事书。进行角色游戏，或者过家家游戏、医院游戏、店铺游戏等假想游戏。

3.
提高孩子
自我表现力的游戏

　　如果问孩子最伤心的事是什么，有的孩子可能只呆呆地说不知道，不会将发生在自己身上的事甚至是受欺负的事说出来，甚至对妈妈也不会说。也有的孩子只顾自己一味不停地说话，不给别人讲话的机会。有上面这两种情况的孩子都存在自我表现障碍。

　　心理学家阿德勒认为，自我表现是"一种广泛传达自己想法和情感的能力"。换句话说，所谓自我表现就是勇敢地表达自己的想法和情感。健康的自我表现还包括能够认真倾听他人并与之产生共鸣，与他人之间为了共同利益而作出妥协。例如："原来你喜欢滑草啊，我也很喜欢，我们轮流来玩好吗？"像这样，自我表现能力强的孩子能正面地评价自己，在与小伙伴的相处过程中也表现出很好的适应能力，同时也表现出良好的解决问题的能力。

　　如果想让孩子形成良好的自我表现能力，妈妈该如何做呢？最好的方法是从孩子牙牙学语的时候就开始鼓励孩子的一切表现。孩子很小的时候不能清清楚楚地对你说："妈妈，我很伤心。以后不要这样对我。"因此对于孩子还无法用语言表达的情感，妈妈要了解、理解，并用语言代他表达出来，让孩子明白可以如实表达自己的想法和情感，这有助于自我表现能力的发育。

　　如果妈妈错误理解孩子的意图或者对其进行教育训诫的话，孩子就会做出各种无理的举动，例如突然大叫、厮打、耍赖等，有时还可能会表现过激，例如出现攻击性行为或大发脾气。妈妈一旦责备孩子，并且这种情况反复出现，孩子就会压抑自己的情感，造成日后无法勇敢地表达自己的想法或者感觉。

妈妈需要做的是认真分析、努力理解孩子所表达的心情，然后将之转化为彼此都能接受的语言加以说明。由于孩子在游戏中能更多地表现自己，所以妈妈需要以正确的游戏态度对其做出正确的反应。

向孩子询问游戏内容

有很多妈妈虽然很想和孩子好好地一起玩儿，但又不知道该如何玩，尤其是和孩子进行角色游戏的时候，更是不知所措。比如玩医院游戏或者过家家游戏的时候，妈妈弄不清自己在这个游戏中到底该担当何种角色。角色游戏对于成年人的妈妈来说，并不像孩子那样感到有趣。妈妈如果按照自己的意愿来制订游戏内容的话，孩子往往就会在某个瞬间从主动变为了被动，剩下妈妈一个人上演单人秀。

孩子可以通过医院游戏来表达自己在医院经历过的事情，可以通过变形金刚游戏来体验力量带来的乐趣，可以通过灰姑娘游戏来表达对折磨自己的妈妈或成为竞争对象的兄弟姐妹的感受。孩子在游戏中想象着自己如何克服困难，从中获取力量。这时，如果妈妈很随意，不能认真对待，就会挫伤孩子表达自己内心的积极性。

那么如何才能玩好角色游戏呢？当不知道如何才能玩好角色游戏的时候，可以小声地问问孩子："妈妈该怎么做呢？"妈妈的这种态度会让孩子觉得受到尊重，他就会告诉你希望你怎么做。比如，他可能会说："灰姑娘，赶紧去打扫卫生。"

当然，也有的孩子不回答，只是说："妈妈随便玩吧。"这时候一定要耐心地对他说这是他的游戏，需要由他来决定。由此让孩子渐渐地学会坦率地表达自己的内心世界。

共享游戏时间与空间

很多妈妈担心孩子不擅长表达自己，不能与他人和谐相处，不知道孩子的小脑袋瓜里在想什么。很多妈妈曾表示，孩子小的时候就自己玩，那时还觉得挺好，不耽误自己做家务、看书，但现在这样却很担心。她们想知道是不是因为没有陪孩子一起玩，所以孩子才不会自我表达。其实也并不完全是这样。

有的孩子喜欢紧跟在妈妈的屁股后面，不停请求妈妈陪他玩，而有的孩子则根本不用妈妈操心，即使独自一个人也能玩得很好。实际上，不管是哪一种孩子，只要在他玩游戏的时候妈妈能稍微用语言与他进行交流，那么孩子的自我表现力就会发育得很快。也就是说，对于自说自玩的孩子，妈妈可以认真倾听孩子的话并加以逻辑整理；而对于安静玩游戏的孩子，妈妈可以用语言描述孩子的行为。

妈妈并不需要一直陪孩子玩耍，不给孩子独自游戏的时间。孩子偶尔也是需要和妈妈分离开来独自玩游戏的，这个时候妈妈需要做的是给予其适当的互动呼应，这将有助于对孩子社会性的培养。

下面是埋头于教书而没有时间陪孩子玩的妈妈和小学3年级的永秀、1年级的永美游戏的场景，咨询师坐在后面给予一定的指导。

咨询师： 就像在家里和孩子游戏一样，请放轻松。

妈妈： 可我们在家里并不常玩……

咨询师： 那也请尽量放轻松吧。

永美： （在模型屋中放入布偶宝宝和布偶爸爸）

妈妈： （坐在永美旁边，安静地看着）

永美： （玩着布偶）怎么没有布偶妈妈呢？

妈妈： 妈妈也想荡秋千。

永秀： （玩打鼹鼠游戏）

妈妈：（永秀刚结束游戏）妈妈也想试一次。

永秀：（将打鼹鼠游戏机递给了妈妈）

妈妈：（开始自己玩打鼹鼠游戏）

永秀：（四处张望，寻找自己想玩的其他游戏）

永美：（自己玩着布偶）

　　永秀、永美和妈妈虽然在一个空间里，但是并没有共同分享同一游戏时间。所有的人都各玩各的，几乎没有语言上的互动。尤其是永美玩布娃娃的时候，虽然她试图和妈妈互动，但是妈妈却转移了话题。这种游戏如果持续下去，对孩子来说，妈妈虽然近在咫尺，却远在天边。

　　游戏最大的优点就是可以促进健康的互动，同时还有助于培养孩子的自我表现力和共鸣能力的形成。凭借游戏的这个作用，要从游戏中寻找能有效避免游戏乏味的方法。

　　如果换一种方式重新来玩这个游戏。

永美：（在模型屋中放入布偶宝宝和布偶爸爸）

妈妈：啊，永美现在把宝宝和爸爸放进房子里面啦。

永美：（玩着布偶）但是怎么没有妈妈呢？

妈妈：是啊，妈妈去哪里了呢？妈妈说去哪里了吗？

永秀：（玩打鼹鼠游戏）

妈妈：永美在玩过家家游戏，永秀在玩打鼹鼠游戏呢。看起来都很有趣哦。

　　如此一来，就和之前的游戏场景大相径庭。妈妈不再呆呆地看着孩子玩游戏，而是用心观察并用语言予以呼应。在这个过程中，妈妈不仅和孩子共享了游戏空间，还共享了游戏时间。如果这时永秀再邀请"妈妈一起来吧"，妈妈就可以参与到游戏中来，并用语言表达出自己愉快的心情。这种游戏方式和态度就会自然地促进孩子的自我表现力。

培养自我表现力的妈妈的游戏态度

· 和孩子对视。

· 言语和表情一致。

· 轻松交谈。

· 说话富于感情，抑扬顿挫，自然。

· 语言简洁准确。

充分了解孩子想表达的主题

成人可以用语言表达自己的情感或者心理状态，但是孩子却无法在短时间内准确了解自己的心情如何、自己为什么这么做。因此，孩子有可能会做出违心的愚蠢行为，这让妈妈不能理解。其实，如果妈妈仔细观察孩子的游戏内容的话，还是会有所察觉的。孩子在游戏过程中总会要表达些什么，妈妈要抱着积极的态度去观察，这样才会有所收获。

6岁男孩智宇换了一家幼儿园，却不肯离开妈妈，对同龄小伙伴时常有攻击性。下面是他和妈妈玩沙盘游戏的场景。一只大乌龟和一只小乌龟在散步，一只鳄鱼突然出现，要攻击小乌龟。这个时候大乌龟没有任何反应，只是待在一边看着。

智宇：（将龟宝宝单独拿出来）

妈妈： 只有一只龟宝宝吗？把它放在龟妈妈身边吧。

智宇： 没有龟妈妈。

妈妈： （指着大乌龟）在这儿呢。

智宇：才不是，那是龟爸爸。

妈妈：（寻找其他乌龟）没看到龟妈妈。（拿起被称为龟爸爸的那只乌龟）不如把这只就当成龟妈妈吧，她在叫"我的孩子啊"。

智宇：这是另一只乌龟。

妈妈：那么，我们等真正的龟妈妈来吧。

智宇：龟宝宝突然出来了，鳄鱼一下子咬住了龟宝宝。

妈妈：啊，龟宝宝该有多疼啊。

智宇：但是龟壳很硬的。

妈妈：那么，这里是大海吗？鳄鱼也在海里生活吗？

智宇：嗯，是尼罗鳄。

妈妈：鳄鱼和乌龟一起生活啊。那么是不是可以很好地相处呢？

智宇：鳄鱼和乌龟并不亲，鳄鱼不喜欢乌龟。

妈妈：那么，哪个动物和乌龟比较好呢？乌龟应该有好朋友吧。

智宇：（将小乌龟和鳄鱼埋进沙子中）

妈妈：我们来玩捉迷藏吧。

智宇：不，我要阻止大鳄鱼。

智宇在这个游戏中想表达的主题是什么呢？智宇想说的是，即使龟宝宝遇到危险了，龟妈妈还是不上前帮忙，以此来表达他在现实中的一些感受。但是妈妈没有领会智宇的游戏主题，而是想告诉他龟妈妈的存在，同时还扰乱了智宇的游戏内容，想让鳄鱼和乌龟和睦相处。当妈妈看到智宇为了阻止鳄鱼而把乌龟和鳄鱼埋进沙子里，又错误地理解为孩子想玩捉迷藏。

其实智宇想表达的是，当他像小乌龟一样疲惫难过的时候，妈妈并没有给予太多的帮助。然而妈妈却错误理解了孩子的意图。不妨换一种游戏态度重新玩一下这个游戏。

智宇：（将龟宝宝单独拿出来）

妈妈：只有龟宝宝自己吗？那么龟妈妈在哪里呢？

智宇：没有龟妈妈。

妈妈：啊，这只乌龟没有妈妈陪就独自出来吗？

智宇：龟宝宝突然出来了，鳄鱼一下子咬住了龟宝宝。

妈妈：是吗？单独出来的时候被鳄鱼咬住了，那龟宝宝会怎么样呢？

妈妈不能只关注自己的想法和感觉，要对孩子想表达的主题表示关心和关切。玩这种隐喻游戏的时候，理解孩子的游戏内容对于非专家的妈妈来说并不是一件易事，因此不要心急，关注孩子的游戏，给孩子一个表达自己游戏内容的机会，这样可以一点点提高孩子的自我表现力。

用心倾听孩子的话语

5岁的素英在妈妈面前非常善于表达，但是在其他人面前连话都不说。因此素英拒绝和咨询师一起玩游戏，在没有妈妈在场时一直哭个不停。只要妈妈一进来马上"雨过天晴"，开始滔滔不绝地说话，兴高采烈地玩游戏。

素英：鳄鱼出来了，可怕的事情要发生了。

（把小鳄鱼送回家）应该待在这里。

（重新让小鳄鱼从家里出来）抓鱼去吧。

妈妈：（心不在焉地回答）嗯。

素英：（看着小汽车）只有小孩子能上去。

妈妈：孩子们都上车了，鳄鱼们走了。请让路，滴滴滴——

素英：要下车了。

妈妈：下车做什么呢？

素英：看小鳄鱼。小鳄鱼害怕了，哇哇哇。

妈妈：（突然把大鳄鱼拿了过来）咚咚咚咚。

素英：（把小鳄鱼放到洞里面）小鳄鱼害怕得哭了。

这个游戏场景中，素英妈妈忘了一个重要的部分。妈妈想和素英更有意思地玩游戏，却没有真正理解素英的意思。如果仔细倾听孩子的话，就会发现她是在表达自己不安的心情，素英担心可怕的事情发生想赶快回家，而妈妈并没有注意到这一点，只想着如何让游戏更有意思。本来孩子就害怕，妈妈仍然把大鳄鱼带了过来，孩子更加害怕，最终小鳄鱼哭了起来。

其实，素英妈妈经常思考如何做才能更好地培养素英，陪孩子玩游戏的时候也会竭尽全力让孩子玩得更有趣。可是素英在其他人面前还是无法表现自我。

那么，在游戏中该如何做才能有助于孩子的自我表现发育呢？主要通过以下4个步骤：

第一，仔细倾听孩子的话；第二，简短重复孩子的话；第三，整理凝练孩子的话；第四，促进孩子进一步表达。

聪明小贴士

如何利用促进自我表现的4个步骤？

• 注意事项

不能在所有的游戏中一直应用此种方法。如果介入所有的谈话或者游戏，反而会妨碍孩子正常玩游戏。

• 应在以下几种情况下使用该方法

①认为对孩子重要的时候。

②虽然在玩游戏，但孩子无法很好表达的时候。

③游戏过程中孩子说话多但无头绪的时候。

试着将上述4个步骤应用于素英的游戏中。

素英： 鳄鱼出来了，可怕的事情要发生了。

（把小鳄鱼送回家）应该待在这里。

（重新让小鳄鱼从家里出来）抓鱼去吧。

妈妈： （第一步骤：仔细倾听）

（第二步骤：重复）是啊，可怕的事情就要发生了。

（第三步骤：整理）所以躲进家里面，但是又想抓鱼吃，于是出来了。

如果素英想让鳄鱼抓鱼吃的话，可以进行第4个步骤。

妈妈： （第四步骤：促进）所以该怎么做呢？

通过这个步骤可以让孩子逐渐对自我表达产生自信。

不要轻易打断孩子的游戏

如果孩子一句话不说长时间专注于一种游戏，妈妈会觉得有点无聊，开始担心孩子是不是专注的时间太长了，是不是有什么问题。因为存在这种顾虑，妈妈可能会提出玩别的游戏。当孩子长时间专注于自己钟爱的游戏时，妈妈如果完全无视孩子正在进行的游戏，而是按照自己的意愿来提议玩新的游戏，这非常不可取。妈妈应该以孩子关心的游戏场面为出发点，以此来促进孩子的自我表现能力。

下面是一生气就乱扔东西的5岁男孩圣灿和妈妈的游戏场景。

圣灿： （摆弄着电话）

妈妈： 想给谁打电话啊？

圣灿： 不知道。

妈妈：（紧接着拿出商场游戏用的计算器）这个东西在家里看到过，去商场的时候也见过，一按就滴滴作响，对不对？和妈妈一起玩商场游戏好不好？

圣灿：嗯。（妈妈和圣灿一起玩起了商场游戏）

圣灿：（开始专注于摆弄计算器）

妈妈：（拿出放在旁边的停车场模型）这是什么啊？

　　妈妈在这个短短的游戏场景中两次变换游戏，第一次是让摆弄电话的圣灿玩商场游戏，第二次又想把圣灿的注意力引向停车场模型。妈妈之所以这样，是由于圣灿对妈妈的话没有反应所导致的。妈妈本来很用心地准备游戏，而孩子对此毫无反应，所以妈妈自然而然就会着急，最后提议玩别的游戏。但是妈妈的这种游戏态度对促进圣灿的自我表现能力毫无益处。圣灿只是不说话而已，仍然通过电话和商场游戏表现自我。如果妈妈能再耐心等待一下，观察圣灿如何玩电话游戏、如何表现商场游戏，圣灿就会将盘旋在脑中的想法化作语言慢慢说出来。在这种情况下，妈妈积极的倾听是很必要的。

　　下面让我们来看看当妈妈积极倾听时和圣灿玩的游戏又是怎么样的。

圣灿：（摆弄着电话）。

妈妈：在玩电话啊。喂，是圣灿家吗？

圣灿：是的。

……

圣灿：（更加专注于摆弄计算器）

妈妈：商场游戏只是这样玩吗？大叔，卖东西吗？

　　不要随意更换孩子感兴趣的游戏，而是要给孩子一个能够继续进行游戏的机会。此时此刻孩子正在玩的游戏对孩子来说就是他最喜欢的游戏。因此，关注当前的游戏并使其变得更有意思，这才是帮助孩子培养良好的自我表现能力和仔细倾听他人的正确方法。

理解孩子的想象力游戏

想象力游戏是孩子自我表现的最佳途径，它有助于语言发育、情绪发育、认知发育和创意性发育。孩子出生后13个月就可以从扮睡状、吃状开始进行想象力游戏，渐渐臻熟，最后编成故事。

孩子的这种单独编故事的想象力游戏是很需要有创意性的。因此当孩子在进行这种游戏时，如果妈妈从现实角度干预或纠正，最终只会妨碍孩子，也影响了孩子的创造力。如果孩子在用心玩游戏，那么妈妈也要同样用心。

下面是永灿和妈妈玩游戏的场景。永灿就在玩想象力游戏，而妈妈似乎没有理解孩子的想象。

妈妈：喜欢小汽车吗？有多喜欢？

永灿：想吃书包。

妈妈：吃书包？怎么能吃书包呢？吐出来。

永灿：（做吐出状）呸呸。

如果永灿是个智商明显低下的孩子，那么妈妈首先教其认清事实是正确的。但是永灿并不是低能儿，只是发挥他的想象力来进行游戏而已。因此妈妈应该以下面的态度来对待。

妈妈：喜欢小汽车吗？有多喜欢？

永灿：想吃书包。

妈妈：吃书包？那接下来会发生什么事情呢？

像这样，如果妈妈尊重孩子的想象力，那么接下来永灿就会用语言表达自己的想法。

概念解释

想象力游戏和语言发育

想象力游戏和语言发育有着密切的联系。幼儿学者Fein以18~24个月的婴儿为对象进行了一项研究，研究结果表明，获得较高语言分数的孩子玩过的想象力游戏更多。其他学者的研究也表明能使用各种词语的婴儿进行的想象力游戏水平更高。

妈妈不要决定游戏内容

丰富孩子的游戏内容和直接制订游戏内容有着明显的差别。丰富游戏内容好比是在孩子已经做好的东西里放入调料，而制订游戏内容好比是妈妈从准备材料开始一直到做出佳肴为止。如果妈妈制订了所有游戏内容，孩子就会错过表达自己的情感和想法的机会。

下面是5岁的秀敏和妈妈玩游戏的场景。妈妈认为秀敏虽然在语言发育方面没有问题，但是语言表达方面并不擅长。

秀敏：铁轨在哪里呢？

妈妈：铁轨？妈妈给你做一个好吗？（调整好铁轨，拿出装火车的篮子）。玩这个吗？那么，火车司机叔叔是谁呢？

秀敏：没有火车司机叔叔。

妈妈：那么，该怎么办呢？

秀敏：没关系。（把火车放在铁轨上）

妈妈：（在后面长长地接了一串火车厢）请乘坐火车。这列火车驶向一个很漂亮的地方。车厢里还卖很好吃的食物。请坐在这里。

妈妈在秀敏开始游戏之前首先安好铁轨、连接车厢，忙得不亦乐乎。那么游戏开始的时候秀敏想玩什么样的游戏呢？看现在的情况，孩子毫无概念，因为妈妈已经制订了全部游戏内容，所以错过了了解孩子想法的机会。如果想提高秀敏的自我表现能力，下面的游戏方法非常必要。

秀敏：铁轨在哪里呢？
妈妈：原来想玩火车游戏啊。铁轨哪里去了呢？

这样说过后要耐心等待，秀敏就会做她想做的，并编成故事。妈妈只需稍等片刻。短暂的等待是促进孩子自我表现能力的基础。

使用适合孩子的语言

如果让小学生去大学课堂中听课效果会怎么样呢？如果教授给只能勉强应付加减法的孩子讲微积分，孩子们能理解吗？答案显而易见，因此，一切都要循序渐进，游戏也是一样。

妈妈需要考虑到孩子的发育水平，在游戏过程中使用适合孩子的语言与之进行交流。然而事实上，在和孩子的互动过程中妈妈们普遍易犯的错误就是，讲一些对孩子来说很难听懂的话或者使用孩子难以理解的生疏词语，使孩子无法领会。妈妈要考虑到孩子的年龄和语言水平，使用那些孩子们能听懂的语言。

下面是因为经常要赖的3岁男孩贤宇和妈妈的游戏场景。

贤宇：（拿出小船）
妈妈：这是战船，这是客船。
贤宇：一起出发吧。

妈妈： 好的。

贤宇： （将一起出发的妈妈的船撞翻了）

妈妈： 不可以这样。客船上有好多人，这样做的话是不可以的。

贤宇： （安静地待着）

贤宇真的知道什么是战船、什么是客船吗？也许他通过游戏大概可以猜出来，但孩子想玩的不过是想让船只互相碰撞的游戏。在这个游戏中，贤宇分明想表达些什么，但因为妈妈的高深说明，孩子停止了表达。如果妈妈以"这个是打仗的时候使用的船，这个是人们过海的时候乘坐的船"这种方式来说明，孩子应该更容易理解。但是，重要的还不是这种说明，而是让孩子能尽情地表达、快乐地游戏。玩游戏的时候管它是战船还是客船，这又有什么关系呢？现在不是教育时间而是游戏时间。

现在重新变换一下游戏场景。

贤宇： （拿出小船）

妈妈： 把打仗时候使用的船和人们过海时候乘坐的船都拿出来了啊。

贤宇： 一起出发吧。

妈妈： 好的。

贤宇：（将一起出发的妈妈的船撞翻了）

妈妈：哐！船来了，撞上了，船翻了。

这样说后稍等片刻，很显然，贤宇会将自己编好的故事一股脑地说出来。使用孩子能听得懂的语言与其交流，并给孩子表达的机会，妈妈在和孩子玩游戏的时候要切记这一点。

★培养孩子自我表达能力的游戏方案

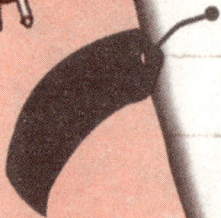

我是什么

游戏方法：孩子将自己的想法用肢体语言表达出来。让妈妈来猜孩子要表达的意思。妈妈和孩子轮流进行游戏。

秘密图画

准备醋、染料和画纸。

游戏方法：用醋在画纸上画出自己想画的图形，在上面涂上染料。妈妈与孩子就图画内容进行语言交流。

图画印花

准备醋、染料和画纸。

游戏方法：在画纸上自由挥洒各色染料。将纸对折浸染，然后打开，看着上面出现的图案进行交流。用同样的方法持续创造新的东西。

心情如何

准备画着各种图画的图片和心情卡片。

游戏方法：首先向孩子展示画有各种图画的图片。询问处于这种情况下的人的心情如何，然后在旁边贴上相应的心情卡片。心情卡片也可以用面部表情卡片来代替。

强力麦克风

准备卫生纸纸卷轴和其他装饰材料。

游戏方法：和孩子一起将卫生纸纸卷轴用不干胶、彩纸和签字笔装饰起来，做成麦克风。开始的时候正常说话，然后将麦克风放到嘴边说话。让孩子在妈妈面前尽可能地多说话。

用刮胡膏作画

准备刮胡膏、盘子和画纸。

游戏方法：和孩子一起开心地摇动刮胡膏。将刮胡膏挤在盘子里，进行触摸，描述自己的感觉如何。用手指在刮胡膏上面作画。聚拢刮胡膏，做出各种模样。

如果我是落叶

游戏方法：妈妈扮作大树，孩子扮作树叶。和孩子一起不停移动身体。妈妈抱着孩子，渐渐强烈地晃动，也可以向孩子描述大风吹时的情形。

描画身材轮廓

游戏方法：在画纸上面画出自己的身形。想象身体的各个部分，涂上颜色。说出涂某种颜色的理由。也可以说出身体各个部分的优点和缺点。通过这个过程来提高孩子的自我表现力。

4.
培养孩子强烈责任感的
游戏

有一次我正在和一位妈妈进行交流，她突然接到了孩子的电话，原来是家里的电视机出毛病了，看不到图像了，孩子打电话来让妈妈赶紧回家修理。虽然妈妈让他自己再试一试，但是不管怎么说也不行，最后妈妈不得已挂了电话，无奈地对我说："经常是这个样子，我好累。"说完，流下了难过的泪水。

像这种什么事情都要依赖妈妈的孩子有很多。到底是什么原因使孩子们变成了这样？为什么连最基本的事情他们都无法自己解决，什么都要妈妈来帮忙？

孩了从呱呱落地时起，首先完成了身体上的独立。此后，在成长过程中，他逐渐明白自己是独立于妈妈的个体，从而在行动上自律，并进一步达到情感上的独立。我们把这种在情感上逐渐不依赖于妈妈的过程叫做"分离个体化过程"。孩子在青春期时会再次经历这种过程，在心理独立方面上达到更高的水平。他们逐渐学会自己照顾自己，通过努力获取自己想要的，自己做事自己承担责任，这些都是成长的必经之路，也是一个健康的发育过程。作为妈妈，要帮助孩子顺利而自然地经历这个过程，为此妈妈需要做到以下几点：

第一，要保障孩子的自律性。当孩子感到自己的自律性受到保障和尊重的时候，就会自觉地照顾自己。这时妈妈应该指导孩子在没有亲人的帮助下也能更好地自己生活。

第二，尊重孩子的想法。每个人都有与众不同的想法、感受和价值观，孩子也是这样。这是孩子在对自己决定的结果负责的过程中获取的。例如孩子自己决定要穿的衣服、选择要看的书，认识到自己是一个独立个体，有着和别人不同的爱好和想法。

第三，不要将孩子一直保护在妈妈的羽翼下。对孩子来说，一切都由妈妈操办的生活是甜蜜的。然而，好比光吃糖会得龋齿，妈妈决定一切的生活会在无声无息中妨碍孩子的健康发育。

如果不给予孩子心理上的独立，而是由妈妈主导一切，单方面地拉着孩子走，那么最终孩子的自我确信感就会降低，难以适应正常的社会生活。相反，如果能保障孩子的心理独立，孩子的心理问题或者压力就会大大减小，适应社会的能力或者自我调节能力也会显著提高，进而可以领悟自觉学习的方法，将来也会自己决定自己的事业。所以，在孩子小的时候，妈妈更应该做的是授之以渔，而不仅仅是授之以鱼。

将主语由"妈妈"改为"你"

很多时候，如果妈妈看到孩子感到害怕，就会不由对他说"让妈妈来"。替孩子解决所有的问题是很多妈妈的习惯，虽然孩子会因此感到轻松，但当这种事情反复出现时，孩子就会怀疑有什么是自己可以做的。虽然孩子偶尔会想尝试一下，但是由于平时缺乏锻炼，无法做到和妈妈同样好，这时如果妈妈又来帮忙，久而久之，孩子就会认为靠自己还是不行，还是离不开妈妈。

孩子这种蜜糖般的生活一般来说仅限于幼儿园时期，大部分妈妈在孩子上了小学之后，教育态度就会有180°的大转弯，突然间将孩子当成大人，告诉孩子过去都是妈妈为他做，现在得靠他自己了。因此，没有任何准备、没经过任何锻炼的孩子凡事都要问妈妈，甚至连上厕所、吃东西这样可笑的问题都有。虽然孩子身体上独立了，但是心理上仍然未能独立，无法自己作出决定和判断。如果这种情况一直持续下去，就会导致孩子什么事都要听妈妈意见、什么事都要妈妈给拿主意的结果。

如何才能让孩子从妈妈的保护下顺利地独立起来，并正确地了解自己的想法和感受呢？最简单最有效的方法就是妈妈说话的时候，将主语由"妈妈"改为"你"。

下面是爱耍赖的5岁胜洙和妈妈的游戏场景。

胜洙：（环视周边）停车的地方在哪？

妈妈：（指着旁边的停车场）看，妈妈找到了一个有趣的地方吧？

胜洙：（在停车场里弹珠子）

下面是行为乖张、经常打弟弟的6岁铉哲和妈妈的游戏场景。

妈妈：一直只玩挖掘机吗？不想用它来挖土吗？来，将这里的橡皮泥装到挖掘机里运走，就像这样，当当。

铉哲：我来？不行啊。

妈妈：需要妈妈帮忙吗？好啊。没有卡车，运来的橡皮泥放在哪里呢？已经全都装上了？那么，放在这里吧。

铉哲：（将橡皮泥放到妈妈指定的碗里）

妈妈：把它们倒进去，不行吗？

铉哲：装得太多了。

妈妈：哇，真的太多了。

仔细分析一下上面的对话内容，不难看出，妈妈的话中要么省略主语，要么主语为妈妈。这会让孩子认为"原来玩游戏的不是我而是妈妈"，"原来都是妈妈在玩啊"。如果将这个游戏的主语明确地换成孩子，情况就会大不同。

胜洙：（环视周边）停车的地方在哪？

妈妈：原来胜洙在找停车的地方啊。在哪里呢？

……

妈妈：原来铉哲一直在玩挖掘机啊，看来很好玩啊。

铉哲：我还是弄不好。

妈妈：铉哲虽然很努力但还是做不好对吧，怎样才能让铉哲满意呢？

铉哲：（将橡皮泥放到妈妈指定的碗里）

妈妈：装进去了，果然如你想的那样，好像不行啊。

铉哲：装得太多了。

妈妈：是啊，铉哲做到了。达到你的目的了吗？

可以看到，和刚开始的对话大有不同。通过这个游戏，胜洙和铉哲的心中会获得某种满足感，认为"即使没有妈妈，我也能做好"，并且马上会认识到游戏的主体就是自己。

给孩子自己决定行动的机会

4岁男孩庆勋患有皮肤病，长辈们觉得孩子本来身体就不好，所以平时不能再向孩子施加任何压力，因此他想要什么就给他什么，庆勋就这样在溺爱中长大，自己什么都不用想、不用做。

7岁的浩俊患有哮喘病，两年前病情越来越重，火气也越来越大，妈妈觉得没照顾好孩子感到愧疚，所以什么事都由着他。但后来情况一步步走向失控，一旦孩子的要求得不到满足时，他就会说发痒，不停地全身抓痒。

小学6年级的秀美患有严重的特应性皮炎病，妈妈生怕她抓痒留下疤痕，所以寸步不离地守在她身边，甚至孩子和小朋友们玩的时候妈妈也跟着。结果时间长了，孩子不管做什么都问妈妈，从来不曾想过自己去解决问题。如果妈妈为此稍微批评她一两句，她就哭。

是什么导致上述几个孩子发生这种情况呢？其原因就在于孩子的自律性没有得到尊重，没有认识到自己是独立于妈妈存在的，无法舍弃由妈妈操办一切的甜蜜感觉。妈妈如果想改变这种状态，可以通过一些游戏手段加以调整。

下面是无法离开妈妈的6岁珉宇和妈妈的游戏场景。

妈妈：有好多车啊。

珉宇：停车场在哪里啊？

妈妈：停车场？妈妈帮你找吧。

珉宇：油放在哪里？

妈妈：看底下。（移动小汽车，注入汽油）

珉宇：修车的地方呢？

妈妈：（装作正在修理小汽车）我来看看，妈妈帮你修吧。好像是引擎的问题。

妈妈在珉宇找到停车场之后就应将注意力转移到孩子身上，这才是正确的做法。如果珉宇决定玩停车游戏，妈妈应该耐心等待，让珉宇自己玩，让珉宇成为游戏的主人公，找停车场也好、移动小汽车也好，让孩子自己来。如果珉宇想玩修理汽车游戏，就给他尝试自己修理的机会。在游戏中，妈妈即使只要保证做到给孩子自己创造游戏的机会，就会有助于孩子的心理独立。

妈妈：有好多车啊。

珉宇：停车场在哪里啊？

妈妈：啊，原来在找停车场啊？在哪里呢？

※如果这样等待的话，一般来说孩子会自己去找。

珉宇：找到了。

妈妈：原来你找到了！

※如果这样等待的话，孩子会自己创造接下来的游戏。

如果孩子无法继续创造游戏，可以问孩子"现在想做什么呢"或者"要怎么玩停车游戏呢"，以此来帮助孩子自然过渡到下一个游戏阶段。这些问题有助于游戏的继续发展和进行，不仅可以让游戏内容更加丰富，还可以让孩子感觉到自己是独立于妈妈存在的。如果这个过程能够不断反复，孩子在心理上便会渐渐独立。

聪明小贴士

让孩子自己玩游戏

· 不要将玩具送到孩子眼前。
· 孩子自己能做的事，妈妈不要帮忙。
· 妈妈用语言做润滑油，让孩子自己玩游戏。

不要老是指挥孩子

我们通过对妈妈和孩子做游戏的长期观察和研究发现，如果妈妈稍微耐心等待，孩子就会自己玩自己的。可实际上，很多妈妈并没有耐心，而是迫不及待地介入游戏，这种情况屡见不鲜。有很多时候，即使孩子自己知道该怎么玩，但因为妈妈总在一旁指导，所以好像不是孩子自己在玩，而是听了妈妈的话才玩的。

下面是什么事都让妈妈做的周亨和妈妈的游戏场景。

周亨：（重新拿出其他的小汽车）挖掘机。
妈妈：是和妈妈一起看到的那辆挖掘机啊。要去哪里呢？去干活吗？
周亨：（将挖掘机放在家里）

妈妈： 把车停在了好大的地方哦。那么，我们换个小点的停车场好不好？有没有喜欢的地方？

周亨： 这里。

妈妈： 在这上面？

周亨：（移动卡车）

妈妈： 妈妈也跟着一起去吗？卡车好像没有油了。怎么办呢？我们去排队加油吧。加油站在这里。咕嘟咕嘟地加满油。其他的卡车也没有油了，全都加上油吧。

周亨： 咕嘟咕嘟。

如果周亨自己玩，他也会停挖掘机，也会移动卡车，但是因为妈妈在旁边一直在提示指导，所以感觉周亨不是按自己的想法在玩，而是按照妈妈的话来玩。这样，孩子就会产生混乱，弄不清这到底是自己的想法还是妈妈的想法。如果这种情况在孩子的生活中反复出现，孩子还会产生厌烦情绪。我们自己小时候也遇到过这样的情况，本来自己正打算开始学习做功课，可如果听到妈妈说"赶紧做功课"，心情一下子就变了。所以妈妈一定要注意，不要提前下命令，以免让孩子感到厌烦，最好静静地看着孩子玩游戏，跟着孩子的游戏走，这样有助于孩子的心理独立。

让孩子自主解决问题

如果孩子想在心理上独立，就必须有"即使没有妈妈，我也能做"的自信。为此孩子必须积累独自成功的经验。成功的经验越多，自信感也就自然而然地随之增强。性格急躁或者无法接受孩子失败的妈妈是无法给予孩子这种经验的。

下面是5岁的恩赫和妈妈的游戏场景。

恩赫：（想将车排成一列，但是总做不好）不行啊。

妈妈：那么，一个一个试试看好不好？（妈妈把车一个个拿起来摆成一列）

恩赫：（试着移动车子，但还是做不好）

妈妈：稍等一下，要在尽头停车吗？（妈妈把车停在尽头）

恩赫：（把其他的车放在手上）

妈妈：还想停其他的车吗？（从孩子手中接过来，帮他停车）

在这个游戏中，恩赫最终还是错过了可以自主解决问题的机会。妈妈担心恩赫做不好，所以便自作主张帮他停车。然而妈妈的这种游戏态度削减了孩子的自信感，剥夺了孩子心理上独立的机会。

孩子经历失败的过程就像打预防针一样，虽然在那一瞬间会很疼，但是可以预防大病。如果经过失败后又重新来过，就会经历更大的成功。在孩子游戏的过程中，即使失败了，即使速度很慢，也要给孩子自主解决问题的机会。这样，孩子才能逐步成为一个心智成熟而独立的人。

及时给予孩子鼓励

孩子成长的过程中，某一件事的成功或是失败并不重要，重要的是解决问题的过程。为了让孩子知道过程的重要性，鼓励是一种有效手段。如果说表扬针对的是某件事的结果，那么鼓励针对的是努力的过程。

我们在研究过程中发现，当建议妈妈找出孩子的优点并加以鼓励时，大约60%的妈妈们都会觉得自己的孩子并没有什么值得称赞的地方。妈妈们之所以有这种反应，是由于她们混淆了表扬与鼓励的概念。从妈妈的立场上来看，孩子不听话、不停惹事，当然没有什么可以表扬的地方。但是，鼓励随时随地都可以进行。因为即使结果不尽如人意，也可以肯定孩子的努力过程。鼓励会无限提升孩子心灵的力量。

下面是小学2年级的俊瑞和妈妈一起游戏的场景。

俊瑞：（不耐烦的声音）什么啊，这个怎么做啊。

妈妈：自己用手做，俊瑞做得很好。妈妈就不行呢。

俊瑞：我也不行。

妈妈：慢慢来。俊瑞很遵守规则呢。

俊瑞：啊，烦死了。蜘蛛丝也来欺负我。

妈妈：（有些惊慌）你怎么了？

妈妈自己都没有做好，还表扬俊瑞做得好，最终导致俊瑞开始发火，妈妈开始慌张。妈妈在什么地方做错了呢？妈妈没有正视孩子由于未能如愿而受伤的事实，只一味地表扬孩子，并让其更加遵守规则，妈妈没能理解孩子的想法和感受。其实，如果像下面一样鼓励孩子的话，问题就会轻松解决。

俊瑞：（不耐烦的声音）什么啊，这个怎么做啊。

妈妈：看俊瑞的表情好像有点生气了。即使这样，也没有放弃，仍在继续努力着呢。

下面是小学3年级的闵灿和妈妈的游戏场景。

闵灿：（慢慢挑选着谜语）

妈妈：这个是什么呢，闵灿？

闵灿：妈妈，算了。

妈妈：算了？闵灿已经把下面的部分全都猜出来了啊。那么这旁边的部分是什么呢？

闵灿：我只能猜出这些了。

妈妈：你还能做得更好，是不是？

闵灿：好难啊。

妈妈：虽然很难，但是你自己也解决了。

闵灿的妈妈曾经是个典型的重视结果型的妈妈，每天都会在孩子耳边说："这个都做完了啊，做得不错。但是为什么那个做不了呢？"

如果是在之前，妈妈一定会催促孩子快点完成。但是妈妈经过学习已经认识到鼓励的重要，不仅在游戏中鼓励孩子，在生活中也逐渐学会鼓励，因此，孩子和妈妈的关系也变得很轻松，孩子的性格也会变得很温和，自觉行动也会不断增多。妈妈态度上的一个小小的转变就会对孩子起到莫大的影响。

聪明小贴士

可以鼓励孩子的一句话

- "这是你做的啊！"
- "虽然很难，但是还是努力做下去啊。"
- "原来已经知道该怎么做了啊。"
- "昨天做了一个，今天就做了两个啦。"
- "原本以为会一下子扔出去呢，原来很小心地放下了啊。"

PART 3

培养孩子提高自我调节能力的游戏方案

　　孩子出生后的第一年几乎没有自觉做某事的意识，如果没有妈妈抱就无法移动，如果没有妈妈喂就无法生存。因此，这个时期是孩子的绝对依赖期，自我调节能力也没有开始发育。当孩子满2岁后，通过妈妈的教导开始控制自己的行为，到了3岁以后，会牢牢记住妈妈的教导并努力自觉调整行为。可以说，在孩子的自我调节能力发育过程中，妈妈起着至关重要的作用。但是，当孩子注意力涣散、经常耍赖、时常不安的情况下，他的自我调节并不像所想的那么简单，这时候可以试着通过孩子喜欢的游戏来改变这一点。

1.
调整孩子
散漫行为的游戏

　　最近，越来越多的家长谈论孩子存在注意力缺陷、有多动症等问题。之前只是抱怨孩子不听话，而如今，家长越发被孩子的问题行为所困扰。

　　散漫的孩子不仅在学习上难以集中精力，在玩的过程中也不会长时间关注一种游戏，而是呈现出注意力不集中、过分活泼、活动量大。所以，养育一个散漫的孩子，妈妈是很辛苦的。有些孩子的行为让人完全无法理解，有些孩子的行为即使家长再努力也改变不了，还有些孩子的行为让人生气以致绝望。因此，我们常会听到这样的抱怨："再怎么教育孩子，他还是一再犯错误，真不知道该怎么办才好"，"这孩子连一分钟都静不下来"，"本该10分钟做完的作业拖了1个小时都没有完成"。

　　对于这些注意力不集中的孩子，妈妈们必须了解一个事实，那就是孩子的注意力不集中不是因为妈妈没有教育好孩子，而是由于孩子大脑中调整行为的区域有问题，即不是孩子不听话，而是他无法自我调整，因此真正郁闷的可能是孩子自己。孩子本来就因为自己无法自我调整而伤心，家长的责备与埋怨更是雪上加霜。这种心灵的伤痛会逐渐吞噬孩子原有的潜在能力，导致他无法正常发挥。因此，要充分理解注意力难以集中的孩子，指导其进行自我调整。

了解孩子散漫行为的特点

如果孩子散漫，妈妈最先要做的事情就是了解什么是注意力涣散、孩子为什么会出现这种情况。

一般来说，注意力涣散即指注意力缺陷多动障碍。具有这种症状的孩子小时候就比较闹人，活动量大，过分活跃，经常冲动，在幼儿园里经常会扰乱课堂，给其他小朋友捣乱，上了小学，也会经常因为不守纪律受到批评。

注意力缺陷多动障碍一般从4岁之后开始出现，最主要原因是由于大脑的前叶部分出现了一些问题。也就是说，虽然自己想把事情做好，但无法调整自己的行为。此外，家庭的巨大变化、妈妈错误的教育方法、孩子的智能低下或不安和抑郁的情绪都会引发此症状。

那么，当孩子出现何种行为时，我们可以怀疑他是注意力涣散呢？下面是注意力涣散的孩子身上会出现的一些症状。

1. 不停地移动，行为冒冒失失。

2. 言语过多。

3. 提问还没有结束就开始回答。

4. 做事有始无终，注意力集中时间过短。

5. 即使是能做的事也拖拖拉拉。

6. 经常忘记自己的事情和东西。

7. 曾经藏匿东西和钱。

8. 吃饭时不能安静地坐在餐桌旁，一会儿站起来一会儿坐下去。

9. 看电视的时候无法安静下来，不断地动来动去。

10. 难以入睡。

11. 睡眠时间过短。

12. 学习时无法对详细说明加以注意，总是马马虎虎。

13. 在学校学习时精神不振。

14. 做作业时经常分心，总要花费几个小时才能完成。

15. 玩游戏的时候无法耐心等待。

16. 无法长时间专注于一种玩具，不停更换玩具。

17. 主要玩肢体游戏。

18. 只集中于自己喜欢的一两种游戏，对其他活动的注意时间很短。

19. 外出时无法保持安静，总是吵吵闹闹的。

20. 购物的时候无法保持安静，喜欢摆弄各种东西。

21. 很容易兴奋和冲动。

22. 经常哭闹。

23. 如果要求某事，必须马上得到满足。

如果孩子有上述行为，那么往往他会经历好多困难。本身这种行为的出现就是一个问题，但是让孩子更辛苦的是，由于他自己无法控制这种行为而遭受周围人的否定，无法和小伙伴和睦相处，学习成绩也不尽如人意。由于孩子的散漫，感情上也会受到不利的影响。

创造有利于培养注意力的游戏环境

散漫的孩子很容易受到周边环境的刺激。在游戏中散漫的孩子，大体上表现为：对初次见面的咨询师丝毫不陌生，对咨询师的问候和简单提问不加注意，关注于堆满房间的玩具，当被问及幼儿园、学校和家里的生活时说想玩游戏，然后立刻站起来去玩。周围一堆堆的玩具分散了孩子的注意力，使其无法将注意力集中在和咨询师的互动。

因此，对注意力涣散的孩子要适当减少刺激量。在家中，孩子的房间尽量采用一些让人有安定感的颜色布置。另外，房间内如果堆满了书和玩具就会导致孩子难以集中于一种游戏，因此，尽量将房间收拾得简洁整齐。妈妈需要牢记的是，散漫的孩子不是因为不喜欢而不做，而是很多时候即使想做也做不了。因此，在责备孩子无法集中注意力之前，首先要为其创造一个有助于集中注意力的环境。

如何布置游戏环境

- 不要在游戏房内陈列过多玩具。
- 玩具要放在箱子里，用盖子盖好保管。
- 指导孩子需要什么玩具拿什么玩具。
- 不要一下子提供多种游戏。
- 避免在游戏房用餐。
- 比起博物馆、美术馆这些安静的地方，要多去游乐场这样可以发泄过剩精力的地方。

游戏中要善于发现孩子的优点

"很感性，很幽默，关注社会，心地善良，充满好奇，有探索精神，学得快，有创意，一旦有了目标就会在同龄人中脱颖而出，记忆力强，精力旺盛。"散漫也有如此积极的一面。和散漫的孩子玩耍的时候，会发现孩子对种种情感的表现是如此的丰富、生动和富有创造性。如果妈妈能为孩子找到一种积极的游戏场景，就会减少对孩子发火、失望的次数。玩游戏的时候要鼓励孩子，发掘孩子积极的一面，例如："你有好多有意思的想法哦"，"看起来你真的很高兴很快乐啊"，"真的是很努力啊"。对孩子这样说，会让他产生很大的变化，消极行为大大减少，积极行为明显增加。

小学3年级的锡浩小时候被诊断为注意力涣散，曾接受过短期的游戏治疗，后来因为症状有所好转就中断了治疗。但没多久又因为注意力涣散在学校生活中遇到了很多困难，结果不得不重新进行治疗。

下面是锡浩和妈妈玩球的场景。

锡浩：（用力把球扔向妈妈）

妈妈：（接住球）妈妈害怕被打到，不知不觉就伸出手来了。

锡浩：（最后把球朝妈妈额头扔去，打中了妈妈）

妈妈：哎呀，看看，妈妈受伤了。

锡浩：注意。（然而还是无法调整球的速度，不停地用力扔）

妈妈：看准一点，已经两次打到妈妈的额头啦。锡浩，看准一点，别打到妈妈。

锡浩：我总是往那边扔。

妈妈：（稍微有点生气）让你看准一点，你是不是故意的？

锡浩：（好像很委屈）不是。

　　锡浩一直无法控制好力量，把球扔得又快又狠。事实上锡浩妈妈已经能很好地接受孩子这种攻击性的扔球游戏，但是有一点很可惜，那就是妈妈在玩的过程中没有考虑到孩子的特点，只是努力迎合孩子，纠正其不足，结果和孩子玩得并不愉快。大部分的妈妈都通过这种方法接近孩子，所以孩子总是挨骂或被批评。

　　在这个场景中，孩子应该得到肯定的一面是什么呢？应该是非常投入地努力做某件事情。充满活力、态度积极这是锡浩的优点。作为妈妈，首先应该找出孩子优点并加以鼓励，例如："努力集中精神扔球呢"，"一开始就这样竭尽全力了啦"。然后针对孩子行为中需要纠正的事项加以说明，例如："妈妈有点儿害怕，能不能轻点儿扔呢？"这样孩子就会努力修正自己的行为。妈妈要试着好好掌握孩子行为中的优点和缺点并一一说明。通过维持这种平衡，培养孩子健康的自我调整能力。

给孩子发泄旺盛精力的机会

散漫的孩子时常精力过剩，过分活跃。因此，如果孩子的行为稍微过分一点，就开始责备并不可取。孩子需要在游戏中发泄自己的精力，如果无条件压抑、限制孩子的精力，那么将来孩子也会通过其他不当的方法发泄出去。

下面是不合心意就咬打妈妈的29个月的男孩荣宇和妈妈的游戏场景。

妈妈：（拿出打鼹鼠游戏机，把锤子递给孩子）

荣宇：（拖着婴儿车走过来，用锤子打鼹鼠）

妈妈：打啊！打啊！打红灯亮的地方。

荣宇：吼吼！

妈妈：哈，第二关！快快快。

荣宇：（速度加快，孩子有点儿跟不上，一只鼹鼠打了好几次）

妈妈：①只打一次就行了，鼹鼠脑袋会疼的。

荣宇：结束了。

妈妈：真没意思，别玩了。把东西放回原处。

很多妈妈都陪孩子玩过打鼹鼠游戏，随着音乐节奏，用锤子击打脑袋上亮红灯的鼹鼠，从而得分。这个游戏主要锻炼孩子的手脚协调能力和注意力。荣宇才2周岁多，是玩不好这个游戏的，他只要开心地盯着鼹鼠就已经觉得很有趣了。然而他马上放弃了这个游戏，难道真的是因为像妈妈说的那样一点儿意思都没有吗？事实上，更多的是因为妈妈并没有接受孩子的游戏，而是不停地说鼹鼠会疼，孩子产生负罪感而放弃了游戏。鼹鼠游戏后，妈妈向荣宇又介绍了另一种玩具，钢琴。

荣宇：（站着盯着钢琴看，伸出一只手弹了起来）叮叮叮叮。

妈妈：像这样用双手，这样也可以。（手指头灵活地弹出音阶）

荣宇：（按照妈妈的方法做）

妈妈：哇，做得很好啊，再来试试。

荣宇：（按照妈妈的吩咐做）

妈妈：（每个音只示范一次）

荣宇：（开始还中规中矩地照着弹，后来越来越用力）

妈妈：（捂住耳朵）②哎呀，吵死了。妈妈真拿你没办法。

荣宇：（还是用力弹钢琴）

妈妈：我们还是来敲鼓吧。

荣宇：（还是一直弹琴）

妈妈：（抓住孩子的手，让他敲旁边的鼓）

荣宇：（还是一直弹琴）

妈妈：（叹了一口气）唉，你自己倒很开心呢。

　　荣宇妈妈开始时想为孩子寻找有意思的游戏，然后兴致勃勃地开始，但是当孩子的行为稍有不当就忙于阻止。荣宇只是个精力过剩的孩子，还没有到冲动或者注意力涣散的年纪，让其尽情地发泄精力是没有问题的。但是妈妈在荣宇发泄前就急忙加以阻止，如果这种情况反复出现的话，孩子就会渐渐学会在妈妈面前有所收敛，但一旦有机会就会将精力一股脑爆发出来。比如在商场、在客人面前等这些人多、妈妈无法过多干涉的场合下，他就会将长期隐忍的精力突然爆发出来。这种孩子不会去想如何调节自己的精力，而是想着如何察言观色，如何找到发泄的机会。

　　荣宇妈妈的游戏态度可以这样进行调整，比如①的说法可改为"节奏太快了，很难跟上吧。即使这样，还在反复练习想跟上节奏呢。"打鼹鼠游戏本来就是一种尽情击打的游戏，要给予孩子快乐玩耍和发泄自己精力的机会。上文中②的说法可改为："开始还好好地弹琴，然后就渐渐地想弹得用力些吧？声音越来越大了，妈妈的耳朵被震得好疼。可不可以弹得轻一些？"试着向孩子好好解释妈妈由于琴声太吵而不舒服的感觉，给孩子一个调整自己行为的机会。这时即使孩子没有受到批评和责备，也能愉快地学会如何调整自己的行为。

从调整肢体动作开始

注意力涣散的孩子不会三思而后行，想做什么就做什么，因此经常闯祸，无法很好地处理与小伙伴的关系，因而总是受到妈妈的责备。

妈妈需要了解的是，孩子并不是为了惹妈妈生气故意这样做的，而是因为注意力涣散的孩子容易冲动才造成这样的，这种冲动性阻碍了孩子自我调整能力的正常发育。

为了提高自我调节能力，孩子首先要了解并学会推迟满足感，即为了得到更大的满足感而延迟现在能够马上得到的满足感，这种能力需要在妈妈的帮助下得到发展。然而，有的孩子很容易被自己的见闻所刺激而产生冲动行为，这时妈妈如果立刻来批评或处罚，孩子的自我调节能力就不能得到提升。

那么如何更自然地让孩子的这种能力得到发展呢？肢体游戏对此大有帮助。孩子不是一开始就会有"我要好好听妈妈的话"这样的想法，而是通过走路、跑步、使用筷子、自己大小便等自觉调整肢体行为开始锻炼自我调整能力。例如：如果孩子想和爸爸长时间玩游戏，就要想到不能用尽全力使劲打爸爸，从而自觉调整力量；如果孩子想要将足球踢入球门，就要想到不能自己想怎么踢就怎么踢，而应看准球再踢。像这样在游戏中学会适当调节肢体，明白"原来力量要用到这个程度"、"为了能长时间玩耍，就得轻轻地来"。

下面是小学3年级的载镇和妈妈玩扔球接球游戏的场景。

载镇：（轻松地扔着球）

妈妈： 咻。

载镇： （球扔得越来越用力）

妈妈： 哎哟，球越来越有力了。载镇，如果妈妈被打中了……

载镇： 会怎么样呢？

妈妈： 吓死我了。

载镇： （用力胡乱地扔球）

妈妈： 载镇变着法子扔球，妈妈接球更难了。

载镇： （但仍然不减球速，继续用力扔球）

妈妈： 载镇，妈妈害怕，轻点儿扔。

载镇： （调整球速后扔了过去）

妈妈： 这次可以接到了，谢谢。

聪明小贴士

如何调整孩子的冲动性行为

·如果孩子突然扑过来应赶快用手抓住他，然后看着他的眼睛说："等一下，不可以弄疼妈妈。"

·妈妈与其用愤怒的语气或者夹杂着大吃一惊的情感讲话，不如保持冷静。

·如果孩子的行为渐渐过激，可以对他说："停，到此为止。"

·妈妈说话的时候，可以夹杂着一些身体接触，例如轻拍孩子的肩膀。

·当孩子适当调节自己的力量时，要及时地、毫不吝啬地给予其鼓励。"力量调整到这个程度刚刚好，妈妈也觉得更有意思了。"这样的鼓励会对孩子产生莫大的帮助。

·如果孩子没有调节好就终止游戏，会对孩子产生不良影响。

载镇妈妈很好地忍让、包容了无法控制力量的载镇。和散漫的孩子一起玩耍，妈妈态度一定要和蔼。需要注意的是，不能忍了几次之后突然发火，这对孩子的调整能力发育没有任何帮助。慢慢地对孩子的力量和游戏行为进行调整，这才有助于孩子学会自我调整。

不能一味纵容

曾经一位妈妈讲述过她这样的烦恼："在我上小学之前，由于妈妈工作忙，所以一直是奶奶照顾我。等我上了小学以后，妈妈辞掉了工作全心全意照顾我。她是个雷厉风行的人，总是过多地干涉我的事，这让我无比想念凡事都包容我的奶奶。那个时候我就想，如果我有了孩子，他要什么我就会给他什么，努力成为一个不伤害孩子的好妈妈。所以我对我的孩子，不管他玩什么游戏、也不管他怎么玩，我都不会干涉，只是在有危险的时候提醒他。可是，我的孩子渐渐变得固执、偏激和散漫。这难道是我的教育方法出了什么问题吗？"

可以说，这真的是一位好妈妈。但是，为什么孩子不能按妈妈期望的那样成长呢？当然，如果孩子的爸爸小的时候就很散漫，那么这种遗传对他的散漫行为也会有很大影响。可能因为这个原因，孩子从出生时起就比较好动，长大以后活动量更是增大，经常做事不经大脑，总是和小伙伴产生摩擦。像上面那位妈妈的孩子一样，凡事都无法集中注意力，那么就应该让其学会如何调整自己的行为。

即使孩子再怎么想要，也不能无条件地满足他的一切想法和要求。这位妈妈错在对孩子的问题上太没有原则，太过忍让。与其成为忍让型妈妈，不如成为包容民主型妈妈。不管孩子多想要，一定要明确对他的要求，比如规定每天可以给他讲几个故事，哪些游戏可以玩，哪些游戏不能玩。孩子的自我调节能力从3岁起就开始发展，所以作为妈妈，要保持一贯性，和蔼地指导孩子调整自己的行为。

语调亲切，言简意赅

散漫的孩子往往是现在在玩某个游戏，不知道什么时候又换了另一个游戏。虽然有时也可以专注于自己喜欢的某个游戏好几个小时，但是大部分孩子都喜欢拿着各种玩具玩耍，把屋子弄得乱七八糟。他们很容易被瞬间浮现出的想法、瞬间映入眼帘的某种刺激分散注意力，进而出现冲动性行为。孩子并不是故意要这样做，而是因为无法进行自我调节造成的。因此，妈妈们必须自然地、轻松地指导孩子进行自我调节。

下面是被怀疑为注意力涣散的5岁孩子智敏的游戏场景。

她把松鼠放入模型屋中，说："这里是松鼠的家。"然后碰了碰模型屋里的椅子和床，突然看到旁边放着的狮子和鳄鱼模型，说："这个好可怕。"接着又重新盯着模型屋，将里面的床拿出来，自言自语道："是谁说要睡觉呢？"立刻把灰姑娘玩偶放到床上，轻轻摇着。"为什么灰姑娘的眼睛长成这样呢？好奇怪。"说完后站起来走到帐篷前，接着转向停车的地方，边摸着小汽车嘴里边发出"嘀嘀嘀"的声音。再后来又走到模型屋前面，抚摸着刚才摸过的小松鼠，又说想玩旁边的肥皂泡游戏、盖图章游戏和商店游戏。

不难看出，这个孩子有多么的散漫。智敏无法长时间玩一种游戏，不停变换着视线所及的游戏，一会儿摸摸这个，一会儿摸摸那个，每个都玩一小会儿。这种游戏方式不会让孩子得到想要的那种尽兴的满足感。那么，妈妈要如何帮助孩子呢？当孩子要结束某项游戏内容，将注意力转向其他事情的时候，妈妈需要给予必要的提醒，提醒孩子之前的游戏内容是什么。比如在上面的例子中，当智敏放下灰姑娘又去玩小汽车的时候。妈妈可以提醒她："灰姑娘的游戏结束了吗？灰姑娘最后怎么样了？"这样，可以让孩子的注意力重新回到原来的游戏上，她会选择是继续游戏还是换一个游戏。需要注意的是，这个时候如果妈妈说太多反而会起反作用，使孩子更加散漫。所以，妈妈在说话的时候态度要亲切一些、语调要低一些、话语要简洁一些。另外，如果游戏结束，就要及时收拾好玩具，以防注意力涣散。如果孩子集中于游戏的话，可以用充满鼓励的语调对孩子说："这个游戏真好玩。"试着给他一些适当的回应，或者摸摸他的头，或者给他一个微笑。

即时解读孩子内心，即时给予鼓励

对于散漫的孩子来说，如果没有即时的、具体的效果，便又会立刻分散注意力。因此，当孩子表现良好的时候，可以给予其适当的奖励。有些妈妈说之前曾用过这种方法，但是并不管用。比如，有位妈妈说，跟孩子指出10种需要纠正的行为，如果做得到就奖励1个不干胶，如果集满50个不干胶就给他买一个大大的箱子。最开始的时候孩子做得很好，但到后来渐渐失去了兴趣。

那么，这位妈妈失败的原因是什么呢？归根结底是因为没有考虑到孩子的特性，只想到妈妈自己想要的结果。对于散漫的孩子来说，向他提出需要长期坚持的要求或者过多的要求，孩子就会马上厌烦，最终放弃。若想训练散漫的孩子，必须只以一个具体的行为为目标。除了物质奖励，更提倡给予孩子"妈妈和你一起玩"这样的奖励。

下面是小学2年级的勇秀和妈妈的游戏场景，勇秀玩着玩着就开始散漫起来。

妈妈：勇秀先找一找棱吧。

勇秀：棱？

妈妈：这里，有个顶点。

勇秀：（摸着旁边沙箱中的沙子）妈妈，这里有铁屑。

妈妈：（紧紧盯着勇秀）沙子里？（有些责备的语气）可能吧。

勇秀：为什么呢？

妈妈：勇秀不想和妈妈继续前面的游戏吗？嗯？

  勇秀在游戏中没有得到即时的结论，也没有看到具体的奖励，于是开始厌烦，但是妈妈没有察觉到。如果在游戏中孩子的注意力开始分散，是不是该结束游戏比较好呢？事实并不是这样的。如果妈妈尽快了解事实并对孩子的行为予以鼓励，那么孩子就可以充分自我调整并完成游戏。

  勇秀妈妈从一开始就制订了一个想让孩子猜所有的谜语这样一个计划，与其这样，不如给孩子一个"只猜某一部分"的具体任务，这样勇秀就不会立刻对游戏产生厌烦情绪了。并且每次当孩子成功或失败的时候，如果能即时了解分析孩子的情感，妈妈就能和孩子愉快地结束猜谜游戏。

  下面是小学4年级的宰勋和咨询师的游戏场景。他们的游戏内容是让猴子跳到树上并挂在上面。

宰勋：（发射猴子，但是没有挂到树上）

咨询师：哎呀，只差一点儿。真可惜。

   →咨询师解读了现在孩子受伤的心情。

宰勋：唉！

咨询师：还剩下最后一个，还没有调整好怎么弄吧。

   →咨询师对孩子现在做不到的理由进行了说明。

宰勋：（将猴子成功挂到树上）万岁！

咨询师：呀，成功啦！

   →咨询师对结果作了即时的说明。

宰勋：现在自信心百分之百满满。

咨询师： 因为把猴子放到了树上，所以现在很自信吧。

→ 咨询师通过鼓励来认证具体的结果。

宰勋：重新开始。（猴子一爬到树上，就噌地握紧双手）哇唔，万岁！自信心百分之二百。

如果像这样细细解读孩子的内心并对其做出即时反应，孩子就会更轻松地调整自己的行为。

概念解释

改善孩子散漫性的5步对话法

- 第一步：询问孩子遇到了什么问题。

    例：好像厌烦猜谜游戏了，为什么？

- 第二步：询问孩子打算如何解决问题。

    例：如何才能猜出谜底呢？

    （这时妈妈将孩子想到的所有解决办法都说出来）

- 第三步：帮助孩子选择一种解决办法。

    例：这些方法中，从能当场立刻做的开始试试。

    （在第二步中提及的所有解决办法中选择最合适的）

- 第四步：对选择的解决办法进行说明。

    例：就按着这个方法做吧。

- 第五步：评价一下所选择的解决办法是否有效。

    例：这么做怎么样？满意吗？

    （如果失败）不然我们试试其他的方法？

★培养孩子提高注意力的游戏方案

敲钟游戏

游戏方法：先给孩子10枚硬币。给孩子布置一个需集中注意力去做的事，例如画画。在孩子完成这件事的过程中，如果孩子将注意力转向其他地方，就拿走他的1枚硬币。设定游戏时间，时间到了就结束游戏。连续进行3次。孩子将3件事做完后看他还有几枚硬币，如果孩子拥有25枚硬币，就给孩子一些小奖励。

算数游戏

游戏方法：将若干根长棍散放在地板上。孩子和妈妈定好顺序，在不碰到其他棍子的前提下抽取一根。如果失败了就无法拿到长棍，如果成功了就继续。长棍拿得多的人获胜。

触摸颜色

游戏方法：要求孩子对妈妈指定的颜色进行描述。孩子要找到带有妈妈所说颜色的物品，快速返回座位。轮流进行游戏。

慢镜头游戏

游戏方法：和孩子约定一种行为，例如在昆虫屋里选昆虫，或者扣篮。孩子需要在1分钟之内将这种行为分解完成，妈妈为他测算时间。变换顺序重新开始。该游戏锻炼孩子按照时间调整自己的行为。

2.
减少孩子
无理行为的游戏

　　一直由妈妈喂饭的孩子突然从某个瞬间开始要自己使用筷子，如果妈妈想帮忙，就会显得不耐烦，坚持要自己来。孩子身上到底发生了什么事情?

　　孩子到了2岁时，不仅会走会说话，内心也开始蠢蠢欲动，不断反抗此前一直依赖着的妈妈。妈妈需要明白的是，孩子的这种行为实际上是一种自信的表现，孩子是想向妈妈证明自己长大了。

　　我们把孩子这种自觉努力的现象称为自律性。孩子在明确的界限内行动，能随心所欲固然重要，但是不是所有的事情都可以按照自己的心意来。如果不理解孩子这个时期的发育要求，过于严格管制或者溺爱，不给孩子自觉做事的机会，孩子的自律性发展就无法得到保障，也容易让孩子产生自我怀疑。如果孩子一直有这种感觉，心中的怒火就会越积越多，时间长了就会表现出各种问题行为，包括无理反抗行为。

　　很多孩子的无理行为都是从和妈妈之间的筷子之争开始的，如果妈妈对最基本的吃饭问题就对孩子进行过分的管制和惩罚，很容易让孩子在以后滋生更多的无理行为。一般来说，经常耍赖、喜欢反抗的孩子，妈妈都是比较严格的。因此，父母要认真反省自己的养育态度，思考是否因为过于严格要求而导致孩子的自律性被剥夺，还是因为过于忍让溺爱导致孩子的自我调整能力无法提高。

了解孩子无礼行为的特点

孩子一般从两三岁姗姗学步时开始出现第一个叛逆期。

一般来说，叛逆的孩子主要会出现下列行为：

· 无视成人的要求和制订的规则，不去遵守。

· 经常使用"我不干"、"讨厌"这样的表达。

· 故意惹人生气。

· 将自己的错误归咎于别人。

· 很容易因为他人而伤心发脾气。

· 只有妈妈大发雷霆才能安静下来。

· 性格急躁，不能如愿就撒泼或者发火。

· 经常发火。

· 不遵守学校的规定，不听从老师的指示。

· 容易讨厌他人，充满愤怒。

· 经常和家人吵架。

· 固执，阴阳怪气，爱耍脾气。

这种行为的出现，往往是由于妈妈过于严格的教育态度和爸爸漠不关心的养育态度造成的。因此，父母要学会倾听子女的要求，保障其自律性。

做善解孩子心意的妈妈

有一个6岁的男孩在幼儿园从来不跟小伙伴们互动，总是按照自己的想法来玩游戏，导致班上的小朋友们抱怨不断。咨询师与他进行互动的时候发现，小男孩喜欢自己侃侃而谈，对咨询师任何的指示都毫不遵从。据妈妈介绍，这个孩子学说话早，受教育也早，但现在却在语言和行为方面都出现了问题。这是为什么呢？

原来，孩子的妈妈身体不太好，总是被家里复杂的琐事弄得身心疲惫，当孩子稍不听话，妈妈就以为这是孩子对自己的反抗，所以经常打骂孩子，导致孩子越发不听妈妈的话。母子间的关系相处成这样，孩子和妈妈在一起当然不觉得开心，而是觉得很难受。

有很多的妈妈认为，督促孩子会让其更好地成长，总是很严格地管制孩子，其实这是一种误解。对孩子来说，按照自己的想法督促孩子的妈妈远不如信赖孩子的妈妈。

下面是5岁的素英和妈妈的游戏场景，她们在游戏过程中因为想法背道而驰而出现激烈的争执，素英越来越激烈的反抗让妈妈心情异常烦躁。

素英：（拿出装有绳子和刀的篮子）看这个。

妈妈：这是什么？

素英：捆身体的东西。（想用绳子捆住妈妈）

妈妈：为什么要捆住妈妈？（音调提高）妈妈是坏人吗？

素英：（毫无反应，用绳子继续捆妈妈）

妈妈：哎呀，不玩这个好不好？

素英：不要。

妈妈：妈妈不想玩这个。（解开绳子）

素英：（拿起放在旁边的刀向妈妈挥去）

妈妈：（拿起另一把刀向孩子挥去）妈妈不喜欢，不想玩这个。

素英：（继续挥着刀）

妈妈：妈妈好疼，不要捅。

素英：很疼吗？

妈妈：（稍微有些生气）当然，这么捅怎么能不疼呢？

对一个女孩子来说，素英玩的这种游戏多少有点攻击性。其实，她是想在游戏这个假想世界中向一直严格管制自己的妈妈表达自己平时抑郁的心情。妈妈认为孩子的攻击性行为是对自己的反抗，无法用轻松的心情来接受。

在这个场景中，妈妈如果能愉快地投入到游戏当中，在被捆住时不反抗，孩子向她挥刀的时候装死，孩子就会觉得"和我在一起妈妈很开心，我也很开心"。妈妈要全盘接受孩子在游戏中表现出来的意图，让自己与孩子保持步调一致，这样才是一位善解孩子心意的妈妈。

聪明小贴士

如何成为一名善解人意的妈妈

非语言表现

· 轻拍孩子的肩膀。

· 慈祥地抚摸孩子的头。

· 与孩子对视的时候要微笑。

· 竖起拇指予以赞扬。

· 给予眼神暗示。

语言表现

· 你做_____的时候妈妈很高兴。

· 你做_____的时候妈妈为你自豪。

· 我们终于完成了_____啊，真高兴！

· 上次还有点儿费劲，不过这次很快就完成了。

把握好对孩子的限制尺度

对于孩子来说，他需要妈妈为他提供一个堡垒，为他的行为和要求提供保障。妈妈过于严格的管制使得这个堡垒更像个监狱，所以只要有些许缝隙孩子就想挣扎着逃出去。相反，妈妈过于宽松的管制让这个堡垒形同虚设，会让孩子感到不安。对于妈妈来说，重要的是如何建造这个堡垒，如何把握好尺度。

下面是总喜欢耍赖的6岁的美英和妈妈的游戏场景。

美英：（想给妈妈打针）给你打针。

妈妈：（逃开的同时）不要，不要。

美英：（笑着追着妈妈）不可以逃，得打针。

妈妈：（拿出布偶娃娃）那给娃娃打针吧。

美英：（给布偶打针）

妈妈：妈妈刚才因为不想打针而跑开。妈妈跑掉是不对的，请重新给我打针吧。

美英：知道了。小孩子小，所以打小针，妈妈大，所以要打大针。

妈妈一开始很排斥跟孩子玩打针游戏，而是给了孩子一个布偶，让她给布偶打针。但是妈妈后来又觉得自己的拒绝会给孩子留下不好的影响，同时为了告诉孩子不打针就跑掉是一种错误的行为，所以请求重新来玩。那么，孩子果真能通过此事学会调节自己的行为吗？当然不能，孩子只会专注于给反复无常的妈妈打针。

在这个游戏中，妈妈如何做才能帮助孩子学习自我调节呢？首先接受游戏，在孩子用劲的瞬间可以告诉她"轻点儿，妈妈会疼的"，这样孩子就会学着调整自己的力度。也可以在手臂处放上软垫，对她说"妈妈的胳膊疼不能打针，但是可以在这个软垫上尽情地打"。把握好对孩子限制的尺度，可以帮助他提高自我调整能力。

既要包容也要约束

"因为小伙伴拿走你的玩具，所以你才生气跟他打架吧。"有些妈妈通过前面的学习已经知道要以这种方式来了解孩子的心意，但是，只说这一句就万事大吉了吗？孩子会意识到错误并好好地改正吗？当然不是。如果就这样仅以语言表达就结束交流的话，孩子就会陷入到底是该做还是不该做的困惑中。所以，要明确告诉孩子到底该怎么做。

想要正确地、适度地约束孩子，要注意以下几点：

第一，与孩子的情感产生共鸣，也就是要理解孩子当时的情感。

第二，简单说明限制其某种做法的理由。

第三，提供其他选择。

第四，发出警告。

不一定要完全按照上述顺序来做到这几点，可以根据具体情况和环境作适当调整。

下面的例子可以适用以上4点。

例1. 孩子将自己的玩具摩托车狠狠地撞向妈妈的玩具摩托车

第一，表达情感	原来想狠狠地撞什么东西啊。
第二，说出限制理由	但是过于用力的话摩托车会坏掉的。
第三，提供其他选择	妈妈举着坐垫，你可以让摩托车尽情地朝这上面撞。
第四，发出警告	（如果孩子仍固执地撞向摩托车）如果再这么做的话就不能再玩这个游戏了。

例2. 当妈妈不按自己的要求做时孩子就说妈妈像魔鬼

第一，表达情感	因为妈妈没按你的话做而伤心了吧。因为太生气了才会说妈妈像魔鬼一样吧。
第二，说出限制理由	但是说妈妈像魔鬼听起来让人很不舒服哦。
第三，提供其他选择	如果你说"妈妈不听我的话所以我生气了"，妈妈会更好地了解你的想法的。
第四，发出警告	（如果孩子仍固执地说妈妈像魔鬼）再继续说这样的话，妈妈会很生气。

探寻孩子激烈言辞背后的情感

满3岁的秀焕最近情绪波动很大，妈妈稍微说她点儿什么她就会大叫："我讨厌妈妈，走开，不玩了。"这种状况持续了一段时间，妈妈的压力很大。

小学生朱容在学校里不听老师的话，和班主任老师不停地较劲。

小学1年级的敏熙经常说一些伤害妈妈的话，一生气就会说"妈妈死掉好了"，让妈妈既生气又难过。

这种情况并不仅仅出现在秀焕、朱容、敏熙的身上，孩子在成长过程中难免会有这样的行为发生。特别是那些不听话、爱耍赖的孩子，更是经常这样。妈妈这时如果仅仅是责备的话，只会让孩子寻找借口避免冲突，妈妈会更生气，情况更恶化，这对调整孩子的情感和行为毫无帮助。

下面是小学3年级的贞恩和妈妈的游戏场景。游戏的内容是用挂着磁铁的鱼竿钓鱼，谁钓得多谁获胜。

贞恩：啊，一直钓不到鱼，真烦人。

妈妈：不要不耐烦。

贞恩：唉，鱼都死了吗？

妈妈：（责备的语气）这叫什么话啊，什么都死了。自己想办法钓上来啊。

妈妈最后说的话明显是在责备孩子，那么，贞恩会不会就因此觉得自己错了，不再说这样的话了呢？不，贞恩会觉得很受伤甚至发火。孩子因为老钓不上来鱼觉得心急，有点儿失去了理性，因此才会无心地说出"鱼都死了吗"这样的话。但是妈妈不应该因为孩子说了这样过激的话就责备孩子。

妈妈可以改变一下说法。

贞恩：啊，一直钓不到鱼，真烦人。

妈妈：是啊，真的，为什么鱼老不上钩呢？真急人。

贞恩：唉，鱼都死了吗？

妈妈：用不着不耐烦的，想办法继续钓。

像这样，不要将焦点集中到孩子过激的言语上，而是应该了解其中包含的情感并用语言适当地表达出来。这样，孩子的心情会觉得轻松，能了解自己的情感，重新找回自己的理性。不妨对她说："如果你说'我很生气，快点上钩'，而不是说'鱼都死了吗'，那么妈妈就能很容易了解你的想法了。"这样可以正确地教给孩子恰当的表达方法。妈妈要洞察孩子的内心而不是只看表面现象，这样会大大降低孩子的反抗心理。

聪明小贴士

如何避免和孩子较劲

· 当孩子有不当的过激的语言，要了解其中所包含的意义。

· 不要对孩子的顶嘴做出反应。

如果对孩子的过激表现或顶嘴行为做出反应，反而让孩子误解并且会反复此行为。

· 体罚只会让孩子害怕，应尽量避免体罚。

不要提前提出约束

有一位妈妈曾这样诉苦："我天天对孩子说不行。导致孩子和我都觉得很有压力。"每天只对孩子说不行，孩子会变得更加畏畏缩缩，经常看妈妈的脸色行事，变成一个更不听话的孩子。可是，存在这个问题的妈妈并不在少数。

下面是无论怎么教训都不听话的5岁世阳和妈妈的游戏场景。

世阳：（提议和妈妈玩扔珠子，把珠子递给妈妈）玩这个。

妈妈：怎么玩呢？（按下按钮，发射珠子）

世阳：再用力点儿。

妈妈：好像力量很大哦，打在身上一定很疼。不可以对着妈妈发射，知道吗？

世阳：会很疼的。

妈妈：这个可以对妈妈做吗？不可以。

世阳：知道了。（向之前放着的机器人发射珠子）

妈妈：天啊！妈妈装的珠子你都射到哪里去了？

世阳：（指着机器人）那里。

本来孩子什么也没做，可妈妈却先提醒这个不可以、那个不可以。本该开开心心的游戏最终变成了教育和训诫，让孩子闷闷不乐，妈妈也很生气。像世阳妈妈这样，当行为未发生之前，就对孩子设立各种限制，孩子只会拿这些当耳旁风。有效的约束需要一个重要的原则，那就是当行为发生的时候只针对这种行为进行约束。

让我们换一种正确的游戏态度。

世阳：再用力点儿。

妈妈：看起来还想再用点儿力啊。

世阳：嗯。（向之前放着的机器人扔珠子）

妈妈：这次向机器人发射！

妈妈这样说就可以简单地将事情略过。在游戏中，孩子向玩具扔珠子、舞刀弄枪、做鬼脸都是被允许的。不要因为担心"在这里做这样的事，出去了也会做同样的事情"，就限制孩子的一切行为。如果能让孩子通过游戏好好发泄自己过剩的精力，他就不会在其他不恰当的场合随意发泄自己精力了。希望妈妈们千万不要因为担心孩子将来如何如何就妨碍孩子现在的快乐游戏时光。

兼顾宽容与限制

教育孩子就像弹豆子一样，弹得过狠豆子就会跳得越高越远，弹得过轻豆子就会稍微跳一下就停下来，若想将豆子控制好，只能调整力度。妈妈对孩子的教育也是一样。对孩子该宽容的时候就宽容，该教育的时候就教育。

这个道理说起来容易做起来难，妈妈经常烦恼于对孩子的宽容和限制的界限到底在哪里。有些孩子一疯玩起来就很难安静下来，有些孩子总是要把玩具玩坏才罢休，有些孩子想和妹妹好好玩却总把妹妹打哭，还有些孩子玩游戏输了就生气或大哭，这样的孩子总是让妈妈们很苦恼。

其实，出现以上这些问题的时候，正是对孩子进行教育的好机会。比如可以对一疯玩起来就停不下来的孩子说："还想玩吧，但是和妈妈约好的30分钟已经到了。"可以对喜欢大喊大叫的孩子说："觉得很有意思才这样叫喊吧，但是小声点，否则你的嗓子会疼的。"可以对打妹妹的孩子说："妹妹弄坏了你的东西生气了吧，但是不可以打人哦。"像这样，既要充分接受孩子的想法，也要明确其行为尺度的界限。需要记住的是，一次的教育并不能改变孩子的行为，要经常尝试。宽容和限制，两方面都要照顾到，虽然这很难，但是想要培养好孩子，两者缺一不可。

聪明小贴士

如何愉快度过游戏时间

· 妈妈要寻找自己的优点，找不到自己优点的人也无法找到别人的优点。

· 在游戏中要努力地寻找孩子的优点。

· 等待孩子作出选择或者决定。

· 不强调孩子的消极行为，及时鼓励孩子的积极行为。

3.
消减孩子怒气的
游戏

我曾有一次和小学3年级的明振玩卡片游戏，那天他在游戏中大败，而后将卡片撕个粉碎，倒在地板上开始耍赖。

初中1年级的美真不太愿意听别人讲话，更多的时候是自己说自己的，当有一次她讲到和小朋友打架的事时，我只是稍微客观地问了一下，她就开始发脾气。

上面这两个孩子的共同点就是无法控制自己的怒火，这是有原因的。明振爸爸酗酒，他是在爸爸的殴打下长大的，而美真的妈妈从美真很小的时候就对她实行放养政策。虽然他们对自己不称职的父母也感到很不满，但是不知道该如何调整自己的怒气。

即使父母不存在上述情况，有些孩子也特别爱生气、发火。这些孩子对于小事也会无理取闹，会打妈妈、扔电话、剪地毯、撕东西，用这种过激的行为发泄自己心中的怒气。除了这些，对学校生活也难以适应，与同龄小伙伴很难相处。

如果和爱生气的孩子整天斗气，妈妈会很累，一方面生孩子的气，一方面又后悔自己为什么不能再忍耐一下。总是带着这种复杂的心情，妈妈会渐渐地讨厌孩子。

俗话说：亡羊补牢，为时未晚。在孩子年幼的时候，在问题扩大之前，妈妈要弄清楚孩子爱生气的理由，找到解决办法，以避免更大问题的发生。现在让我们通过游戏来探索如何让爱发脾气的孩子调整自己的火气。

127

了解孩子为何出现攻击性行为

孩子出现攻击性行为源于以下几点：

第一，缺乏与他人产生共感的能力

容易出现攻击性的孩子不会站在他人的立场上想问题，尤其是无法预测如果自己做出这种攻击性行为后，对方会有何感受，因而会反复做出攻击性举动。

第二，缺乏区分攻击性行为和非攻击性行为的能力

具有攻击性行为的孩子总是以敌对的心理来分析问题。例如如果偶然被其他孩子撞倒，他会认为对方是在故意挑衅，于是想发火报复。

第三，缺乏自觉消减怒气的能力

一般来说，正常的孩子在发火前会劝慰自己不可以冲动，要冷静，会慢慢平静下来调节自己的怒气。但是火气大的孩子缺乏让自己平静下来的自我安慰能力，因此会因为一些琐事突然爆发怒火或者出现打人摔东西的行为。

第四，缺乏应对和评价攻击性行为的能力

有攻击性行为的孩子不知道该以什么来代替攻击性行为，缺乏对攻击性行为后果进行评价的能力，因此经常选择使用"暴力"。

第五，缺乏感知怒火背后自己真实情感的能力

有攻击性行为的孩子心中充满怒火，无法真正认识怒火背后隐藏的拒绝、伤痛、不安、惊慌等情感。由于不了解自己的真实情感，所以无法对接下来的行为作出正确判断。

第六，缺乏了解他人如何看待攻击性行为的能力

有攻击性行为的孩子无法准确得知自己的行为会对他人产生何种影响。虽然别人认为孩子的行为"很无理"，但孩子自己可能会认为他的行为"很强悍"。

如果充分考虑到这些特点后再来教育孩子，在游戏过程中给予耐心地指导，就会减少孩子的攻击性行为。

让孩子在游戏中真实地表现自己

所谓角色游戏指孩子在游戏中扮演他想扮演的人，比如在游戏中孩子可以假装自己是父母、是可怕的狮子或者是被囚禁的灰姑娘。角色游戏在孩子2岁的时候就可以玩，到5岁的时候能玩得很好，这是因为到了5岁以后，孩子的语言和认知能力明显发育，可以通过游戏很好地表达自己的想法或者经验。在角色游戏中孩子可以自由地表达自己的想法和感受，创意性和认知能力得到发育，从而进一步消除内心的压力。

下面是4岁男孩斌宇和妈妈的游戏场景。妈妈因为斌宇经常耍赖不听话而苦恼不已。

斌宇：（拖着婴儿车来到妈妈面前）

妈妈：这是什么？

斌宇：车子。

妈妈：（看到斌宇使劲地拖着婴儿车）布娃娃会掉下来的，慢一点儿。

斌宇：（继续使劲推，婴儿车翻倒了，布娃娃掉到了地板上）

妈妈：哎呀，妈妈不是告诉你小心点儿吗？跟布娃娃说对不起。

斌宇：我要走了。

妈妈：去哪里？把布娃娃捡起来放进车里。

斌宇：（重新推着婴儿车载着布娃娃）

妈妈：慢点儿。

斌宇：慢点儿。

妈妈：布娃娃很喜欢哦。说谢谢斌宇哥哥呢。

斌宇：（突然用手抠布娃娃的眼睛）

妈妈：那么抠布娃娃的眼睛布娃娃会很疼的。

斌宇：（打布娃娃）

妈妈：啊呀，不可以这样，布娃娃会疼的。

斌宇：（把布娃娃扔在地板上不停地打着）

妈妈：不可以。

妈妈不停地管这管那，斌宇的行为越来越粗鲁。斌宇攻击的虽然只是布娃娃而不是真正的孩子，但是这种攻击性行为还是让妈妈担心不已。最后，孩子不断打着布娃娃，并且由于妈妈的阻止变本加厉。孩子不知道为什么妈妈凡事都要管自己，所以即使开始忍耐了好长一段时间，但只要找到了机会就会尽情发泄。在游戏时间里，应该相信孩子，包容孩子，让其能够享受游戏。

如果妈妈把游戏态度作一下调整效果就会不一样。

妈妈：这是什么？

斌宇：车子。

妈妈：（看到斌宇使劲地拖着婴儿车）原来想快点走啊。

斌宇：（婴儿车翻倒了，布娃娃掉到了地板上）

妈妈：哎呀，因为太用劲布娃娃掉出来了。

斌宇：（突然用手抠布娃娃的眼睛）

妈妈：还抠眼睛。

斌宇：（打布娃娃）

妈妈：这次又打布娃娃了。能跟妈妈说说发生了什么事情吗？为什么这么做呢？

如果能够自然地通过游戏加以引导，孩子就会向妈妈说出想说的话，妈妈也可以了解孩子打布娃娃的原因。在教育孩子有哪些是不可以做的之前，需要先了解为何出现这种行为。游戏背后往往隐藏着孩子的心声，妈妈需要倾听这种心声。不要被孩子的攻击性行为吓倒，以致忽视了隐藏在后面的孩子的真正心声。

孩子出现攻击性行为时要制订对策

容易发火的孩子不知道在不发火的前提下该如何解决问题，因此在游戏中总是通过弄坏玩具、攻击妈妈、不让做什么就偏做什么来解决问题。妈妈如果强加制止反而让孩子更加反抗。当然，也不能完全纵容，妈妈需要做的是向孩子提出适当的解决方案。

5岁男孩铉哲由于父母工作忙，所以和奶奶一起生活。铉哲生性散漫、固执，具有攻击性。不论是对奶奶，还是对每周才见一次的爸爸妈妈都不友好，他也因此多次挨打，手都淤青了。与这种孩子的沟通应该是在提出对策的过程中进行的。例如，孩子在玩刀的时候如果想攻击对方，就提供给他一个大布偶，让他将注意力转到布偶身上，尽情打个够。如果孩子想玩棒球游戏，就给他一个海绵球让他尽情击打，尽情发泄他的精力。如果孩子想找布偶撒气的话，就给他一些橡皮泥任其随意揉捏。

聪明小贴士

如何限制孩子的攻击性行为

· 不要用"好孩子应该……"这种表达方式。
· 对不允许孩子出现的行为要明确告诉他，语气要平和。

不要什么都不让孩子做，要制订合理的对策来满足孩子，这样孩子才能成功地调节自己的攻击性行为。

在攻击性游戏中妈妈不要太强势

经常发脾气的孩子只关心跟自己有关的事情，并总是以敌对的态度来对待他人，即使是对方的一个很微小的举动也很容易刺激到他，让他产生攻击性。年龄越小的孩子、平时受管制越严的孩子这种倾向就越加明显。

下面是6岁男孩敏旭和妈妈的游戏场景。

敏旭：自行车。（拿出刀）

妈妈：敏旭试试看吧。

敏旭：（想用刀捅妈妈的肚子，又递给了妈妈一把刀）

妈妈：（有力地挥舞着刀，回击孩子）

敏旭：（突然抢过妈妈的刀，双手握着刀挥舞着向妈妈捅过去）

妈妈：妈妈好疼啊，做一次就应该停下来了。怎么能由着自己的性子来呢？

妈妈本想和孩子津津有味地玩游戏，在孩子先发动攻击后对孩子进行回击，孩子吓了一跳，之后更加粗鲁地反击妈妈，最终让妈妈很生气。在游戏过程中保障孩子的安全感非常重要。敏旭妈妈如果改变一下自己的做法，效果会好很多。

敏旭：自行车。（拿出刀）

妈妈：敏旭试试看吧。

敏旭：（想用刀捅妈妈的肚子，又递给了妈妈一把刀）

妈妈：想和妈妈一起玩刀啊，刀怎么玩呢？

这样说会好一点儿。但是如果妈妈比孩子先出手攻击的话，就要像下面这样说，帮助他重新找回安全感。

妈妈： （挥舞着刀首先发动攻击）
敏旭： （突然抢过妈妈的刀，双手握着刀挥舞着攻击过去）
妈妈： 因为妈妈先出手，所以敏旭吓了一跳吧。

能从妈妈那里获得安全感的孩子不管遇到什么困难的事情都会相信"我是安全的"。这样，温室里的花朵也能经得起狂风暴雨的考验。不仅如此，孩子因为知道了自己攻击性行为的原因，所以能学着调节自己的心理和行为。

让孩子和过去的不愉快说再见

每个人都经历过伤心、悲痛，或者因为受到委屈，或者因为朋友的疏离，或者因为父母的偏爱，或者因为失去亲人。大部分的人都会将这种伤痛用语言表达出来从而使自己的情感得到释放。但是对于有攻击性行为倾向的孩子来说，他们无法处理好这种情感，无法很好地调节情绪，直接后果就是导致问题行为的出现。如果孩子还处在难以用语言表达自己情感的年龄，可以帮助孩子通过游戏来表达。

下面是曾经在学校遭到群殴的小学5年级忠勋和咨询师的对话。

忠勋： 我不知道自己为什么就生气了。
咨询师： 虽然说不知道为什么生气了，但是总是有原因的。
忠勋： 不知道是什么原因。
咨询师： 好吧，那么莫名其妙就生气，这让你闷闷不乐吧？最近有没有生气呢？能详细说说吗？
忠勋： 没什么，我什么都没有做。他们就骂我打我，总之我被痛打一顿。只要想到那个领头打我的，我就气得牙痒痒，真的。

咨询师： 看你一想到这件事情就握紧拳头，当时一定挨了好多打吧。

忠勋： 啊，只是很生气，想抓住他的领子。

如果通过语言将压抑的情感表达出来，孩子可以学会逐渐忘记伤痛的经历。如果过去的不快能得到释放和解决，才不会让过去的愤怒再妨碍到孩子现在的生活。但是，并不是所有的孩子都能像忠勋一样很好地表达自己的情感，妈妈要做的是帮助孩子通过游戏将情感表达出来。

下面是小学5年级的永美、2年级的永信姐弟俩和咨询师的谈话游戏。小姐弟俩经常闹矛盾。

永美： （掷骰子）

永信： 四格，黄色。

永美： （翻开黄色卡片，读出上面的问题）向弟弟让步的时候会怎么想？

永美： 心情不好也不坏。

咨询师： 向其他人让步时呢？

永美： 除了他之外的其他人吗？会很烦。

概念解释

对话游戏

在孩子们玩自己喜欢的游戏的时候，对话游戏可以帮助孩子自然地表达自己的情感或者想法。玩对话游戏时，先在卡片上写上各种问题，比如"想想……"，"说说对……的感觉"，"试试做……"。将卡片放在写有数字的格子里，孩子们轮流掷骰子，根据点数掀开某个格子里的卡片，读出上面的内容并进行回答。

通过这种对话游戏可以揭开孩子过去的情感面纱。

有的妈妈担心在家里做不了这种游戏，其实，这种形式的对话游戏完全可以融入于其他游戏中。比如玩掷骰子游戏时，规定如果出现双数就说说开心的事情，如果出现单数就说说伤心的事情。在游戏过程中询问孩子平时不愿回答的事情，孩子更容易敞开心扉。试试看吧，孩子会欣然地跟过去的不愉快说再见。

让孩子了解自己的真实情感

一些父母在相互沟通中发现，孩子发火或有暴力倾向时，多半是为了表达自己的不安。但很多时候，孩子自己并不知道发火背后隐藏的真实的情感。如果孩子能确切地知道自己的情感，就会减少莫名其妙发火的次数。

下面是小学3年级的敏秀、5年级的敏英和妈妈一起游戏的场景。游戏内容是通过掷骰子让马移动，如果谁的马能进入写有数字的格子并按照里面卡片指示行动的话，谁就会得到硬币作为奖励。敏秀一个硬币都没有得到，而敏英却得到了很多。

敏英：（读卡片）模仿小狗看到放学回来的主人时的行为。嗯，应该是高兴。（模仿小狗抱住敏秀）

敏秀：（猛地推开敏英，火冒三丈）为什么对着我做。

敏英：不对你对谁？

妈妈：①敏秀，这是游戏，为什么生气啊？

敏秀为什么生气呢？因为只有姐姐一直得到硬币所以她心里不平衡。妈妈虽然也知道这个事实，但是不愿意看到敏秀生气，因为她经常这样发火，妈妈觉得这个毛病得改改，于是就批评了她。

妈妈能够了解孩子真正的想法，但孩子自己能了解自己的想法吗？孩子大多时候并不知道自己的想法，不知道自己为什么会突然发火、为什么会有攻击性行为。此时了解孩子真实情感的妈妈应该将这些告诉孩子。

敏秀表面上很生气，但实际上是心里很受伤。妈妈要如何告诉敏秀她自己的真实情感呢？如果妈妈将①处的说法改为"敏秀因为只有姐姐得到硬币所以伤心了吧"效果就好很多，这样孩子也了解了自己的真实情感并学着自觉调整。

包容孩子的消极情绪

如果无视孩子的怒气，其问题行为就会渐渐恶化。不仅在日常生活中，在游戏中也会同样出现。所以，妈妈首先要做的是尽快了解孩子的情感并加以调整。

下面是小学6年级的庆珠、2年级的庆敏和妈妈一起游戏的场景。

庆敏：（不断移动对自己有利的马）
庆珠： 不公平。
妈妈： 哈哈哈哈。
庆珠： 真的不公平。
妈妈： 庆敏是弟弟，让着他点儿。
庆珠： 我不玩了。

在妈妈看来，6年级的姐姐应该让着2年级的弟弟，这并没有什么大不了。因此在庆珠第一次说不公平的时候只是一笑而过。在庆珠忍无可忍再一次表达自己的委屈时，妈妈又劝庆珠让着弟弟。

在日常生活中如果妈妈老是采取这种态度对待姐弟俩的话，庆珠心里面的委屈和郁闷会越积越多，怒火也越来越大。

妈妈的态度应该作如下调整。

庆敏：（不断移动对自己有利的马）

庆珠：不公平。

妈妈： 真的很不公平啊。庆敏很想赢呢。

庆珠：不能因为想赢就这么做啊，怎么可以这样？

妈妈： 庆珠要告诉庆敏应该怎么做。

不要无视孩子的这种消极情绪，应该给孩子一个正确表达的机会。这样孩子能明白可以好好地表达这种情感，可以充分通过对话进行协商。

聪明小贴士

如何和孩子一起分享情感

· 尽量避免问孩子"为什么"，孩子越小就越无法回答这个问题。

· 避免闭塞性问题。例如如果问孩子"生气了吗"，那么孩子只能回答"是"或"不是"。

· 多提开放性问题。例如可以问孩子"能跟妈妈说说是什么事吗"、"因为什么生气了"，引导孩子讲出自己的感受。

将生气的心情吹进气球里

游戏方法：想一件记忆中让自己生气的事情。深深吸一口气，把生气的感受慢慢地吹进气球里。把气球抛向天空。

扔湿手纸

游戏方法：让孩子在纸上画出人像。将纸贴在墙上，将用水浸湿的手纸向人像扔去，边扔边说明自己为何生气。

丢海绵球

游戏方法：准备海绵球，妈妈和孩子互相扔球接球，渐渐增加力度。

捏橡皮泥

游戏方法：准备橡皮泥，让孩子捏出人脸。让孩子边想着让自己生气的事情，边将用橡皮泥做成的人脸挤到一起。

吹肥皂泡

游戏方法：教孩子如何吹出一个大大的肥皂泡。告诉他如果呼吸急促就无法吹出大大的肥皂泡，只有深深地、缓慢地吹气才能成功。告诉孩子如果生气，就像现在吹肥皂泡一样深深地、缓缓地呼吸。

踢报纸纸袋

游戏方法：让孩子撕报纸，以充分表达自己的情感。将撕碎的报纸放到纸袋里。将纸袋封死后，用脚踢纸袋。

撕纸

准备电话簿或者杂志等厚厚的书。
游戏方法：孩子想着自己生气的事情。尽情地将书撕碎，发泄自己的情感。

报纸炮弹游戏

游戏方法：将报纸撕成长条，团成一团，做成一个像球一样的炮弹。互相扔报纸炮弹进行攻击。

烦恼垃圾桶

准备纸信封、卡片和蜡笔。

游戏方法：告诉孩子纸信封是垃圾桶，将信封装饰得很漂亮。将生气的事情写在卡片上，扔进小纸信封里。

愤怒之墙

游戏方法：在孩子的房间或者客厅的一面墙上写上"愤怒之墙"。让孩子将生气的事情写在卡片上，贴在墙上。家人读过卡片后，帮忙写上处理方法。

读书讨论

游戏方法：选择一本跟愤怒有关的童话书。和孩子一起读，互相交流。让孩子讲述自己的经历，并寻找合理的解决方法。

4.
消除孩子内心不安的游戏

小学生志勋从小学2年级起到6年级一直接受心理治疗。他智商其实很高，就是对任何事都漠不关心，几乎从不发表看法。尤其在他人面前，他从不发表自己的意见，非常腼腆。在一次与他玩对话游戏时，他对自己最担心的事情的表述让人心酸，他说："我最担心妈妈去市场时把我一个人扔在家，强盗杀死了妈妈，然后扮成妈妈的样子来找我。"从他的话中，我们可以感到，志勋内心非常没有安全感。

小学4年级的景顺在家做数学题的时候几乎都能做对，但是一在学校考试就考得乱七八糟，即使是全都会的东西，一到要用的时候脑子就一片空白。

初中3年级的智仁很聪明，但是一到数学考试就两手发抖，总是对自己的答案不放心，一道题要算好多次，结果总是无法在规定的时间内答完所有的试题。

以上这几个孩子的共同点是都没有安全感。

没有安全感的孩子胆怯畏缩，没有自信，无法完全发挥自己的实力。不安的情绪会阻碍其各方面能力的正常发展。可以说，内心的不安是孩子健康发育过程中的一只拦路虎。在轻松、愉快、温暖的活动中，可以帮助孩子化解心中的不安，因此，游戏是一种非常好的方法。妈妈要充分了解孩子的这种特征，并在游戏中采取正确的态度，这样，孩子才会鼓起勇气，调节自己不安的情绪。

了解孩子不自信行为的特点

"我做不了。如果做不好怎么办啊。我不想丢人。"这是没有自信的孩子经常说的。没有自信的孩子有如下行为特点：

1. 低估自己的能力，认为自己不好、不重要。

2. 不愿尝试没做到的事，认为一定会失败，从不冒险。

3. 认为自己能力不够，失败是理所当然的。

4. 如果有人称赞自己，认为对方在说谎。

5. 为了得到别人的关心和赞扬，不惜做一些不好的事情。

6. 为了不遭到朋友们的拒绝，满足朋友们的任何要求。

7. 害怕别人讨厌自己，总是察言观色，战战兢兢。

聪明小贴士

当孩子不自信时妈妈需要反省的事

- 怀孕时心理状态如何？
- 孩子敏感或严重怕生吗？
- 妈妈也是经常感到内心不安吗？
- 是否过分保护孩子？
- 在孩子婴幼儿时期是否经常换看护人？
- 孩子是否有被迫和妈妈分离的经历？
- 孩子和妈妈分开后是否受到过惊吓？
- 父母是否经常在孩子面前吵架？
- 是否曾经因为父母离婚等让孩子觉得没有安全感？
- 妈妈是否优柔寡断或体弱多病？
- 妈妈是否因为夫妻关系或者婆媳矛盾而没有和孩子形成稳定的关系？
- 家庭或者亲戚中是否也有人总觉得没安全感？

如有若干上述相关事项，父母的养育态度就会令孩子更加敏感。

妈妈不要总是对孩子放心不下

总是离不开妈妈的小学1年级的英宇曾经到咨询中心进行治疗，和咨询师进行了几次沟通之后，英宇妈妈打电话来说英宇可以自己一个人跑到外面玩了，没想到游戏治疗的效果会如此明显，她希望孩子可以和咨询师进行更多的交流。但实际上，从那以后英宇就再也没有来过。也许是因为孩子可以离开妈妈自己出去玩了，这种变化让妈妈不能接受吧。很多妈妈都曾说过希望孩子快点长大，离开自己的羽翼独自去适应社会生活，但事实上大多妈妈都是口是心非。

下面是无法离开妈妈、爱缠人的6岁孩子智星和妈妈的游戏场景。

智星：（安装铁轨，移动火车）

妈妈：（移动另一辆火车跟上）妈妈就在这里，看到了吗？

智星：（停下火车）嗯，妈妈在那里等着吗？（重新开动火车）

妈妈：妈妈在这里等着你。

智星：知道了。

在这个游戏中，孩子不断试图和妈妈分开，但是妈妈并没有了解，妈妈总是放不下孩子。

从上面的例子可以看出，很多时候不是孩子离不开妈妈，而是妈妈离不开孩子。如果智星妈妈的游戏态度改变一下，智星就会从妈妈那里获得更多的自由和自信。

智星：（安装铁轨，移动火车）

妈妈：（静静看着）智星的火车在跑呢。原来自己也可以跑得很好啊。

孩子从妈妈身上找到自信的力量

孩子从妈妈的表情里能读到信任或不信任。如果妈妈总是用她那饱含着不安和担心的神情来看着孩子，久而久之孩子对自己也会感到不安、担心，觉得自己无能，从而总是否定自己。

下面是初中3年级的美璇和妈妈、咨询师一起玩游戏的场景。美璇的不安非常严重，甚至影响到了上学。

咨询师：现在妈妈、美璇和老师一起来讲故事，如果美璇有话想对妈妈讲就说出来。

妈妈：即使具有攻击性也可以吗？

美璇：（瞬间开始紧张，不停扭动着身体）

在这个短暂的对话中你感觉到什么了吗？孩子都已经初中3年级了，如果还因为没有安全感而不想上学的话，不管什么样的妈妈肯定都会很苦恼。妈妈即使在咨询师面前也表现出不安的态度，可想而知在实际生活中更是这样。

下面是初中2年级的秀真、小学5年级的秀敏和妈妈一起玩游戏的场景。

秀真：我们一起来玩游戏吧。

妈妈：是全都一个人一伙还是有两个人一伙的呢？

秀真：全都自己一伙。

妈妈：（有点儿犹豫）那么妈妈肯定是最后一名了。

秀敏：没关系的，妈妈也不一定是最后一名啊。这得看运气的。

秀真：之前老师也输了。

妈妈：（虽然笑着，但是表情很紧张）

秀敏：不是的，得看运气的，我上次也得了最后一名。

　　妈妈虽然同意和孩子玩游戏，但是从头到尾都惴惴不安。事实上，秀真家是离异家庭，妈妈本应该成为孩子的依靠，但是妈妈自己却总是表现得慌张不安，导致孩子更没有安全感。

　　由于妈妈总是太紧张，所以在平时应该找一种可以让人放松心情的游戏。都说孩子帮助妈妈做家务的时候是最轻松的，所以母子间可以在这个时候进行良好互动。如果妈妈从孩子身上看到了紧张和不安，就要先反省是不是自己表现出了太多的不安和摇摆不定的神情。

用心去倾听

　　一般来说，感情上被动的孩子经常否定自己。面对某件事情时，没尝试之前就会认为自己一定做不好。这种想法在游戏中也能体现出来。

　　下面是曾遭到小伙伴群殴的小学4年级的耀翰和咨询师的游戏场景。游戏内容是将模型放入沙箱中，并就此编出故事。

耀翰：因为涨潮，孩子好不容易来到了这里，又要涨潮了。真是太不走运了。

`咨询师：`是啊。

耀翰：据说这里是雷区，正在做美梦的孩子一下子摔倒了。

`咨询师：`怎么摔倒了呢？

耀翰：被石头绊倒了。

`咨询师：`接着怎么样了？

耀翰：瞬间一切灰飞烟灭。

`咨询师：`这个孩子正在做什么美梦？他好像有很多梦想。

耀翰：他想成为动作电影演员，这个愿望瞬间就会化为灰烬。

`咨询师：`但是，为什么呢？

耀翰：这个孩子体质并不好，不能跑也不能跳，与其有腿还不如没腿，所以才故意被石头绊倒，这样正好，瞬间一切就灰飞烟灭了。

咨询师：哎哟，天啊。那么说，本来以为自己能克服困难，但梦想最终还是落空了。

耀翰：是瞬间落空。

咨询师：是啊，是瞬间。

耀翰：一秒都没到。

耀翰讲的故事又长又不连贯。但他无疑是在表达自己内心充满梦想，但因为体质差，既不能跑也不能跳，让自己的梦想瞬间破灭。耀翰太低估自己了，于是产生了一种无助感。能在游戏中表达自己的这种情感，多少会让他卸下心中的大包袱，觉得轻松。

虽然在家中无法玩沙子游戏，但是这种表达仍然可以出现在任何一种游戏场景中。妈妈需要牢记的是：要仔细倾听孩子的话，等待孩子可以更轻松地说出自己的故事。

要做到仔细听，在孩子表达的时候，妈妈要看着孩子的眼睛，竖起耳朵、用心专注地去听。不要接孩子的话，不要打断他的话，不要去问他"为什么你会这么想自己呢"、"这种想法真是没有意义"，要认真倾听。只有好好地倾听孩子的心声，孩子才能改变自己胆怯无助的模样，这就是倾听所拥有的力量。

概念解释

沙子游戏

　　沙子游戏指的是将各种小模型放在装有沙子的各种箱子中，一边制造场景一边编故事。通过这种游戏，孩子们可以自由表达自己内心的矛盾和压力。

让孩子关注自己的想法

　　不安胆怯的孩子由于缺乏自信，无法很好地表达自己的要求，反而不断想要迎合周围其他人的想法。因此，孩子渐渐失去了自我。

　　下面是小学5年级的美顺和妈妈玩足球游戏的场景。美顺也是个没有自信的孩子。

美顺：啊，进球了。
妈妈：美顺赢了！
美顺：噢耶，妈妈站到这里。
妈妈：好，现在就过去，传球吧。
美顺：妈妈动不了了。
妈妈：得给我球啊。
美顺：妈妈往后转。
妈妈：哎哟。
美顺：妈妈得拦着球啊。
妈妈：用身体挡住了。

　　美顺不停喊着妈妈这样、妈妈那样，好像游戏的主角不是自己，而是妈妈。妈妈平时是个麻利爽快的人，做事有板有眼，可女儿却与之相反，行动迟缓、做事轻率，所以美顺经常挨妈妈批评。在玩游戏的时候，美顺很关心妈妈的状态，老想着妈妈而不是想着自己。这是因为美顺想好好表现给妈妈看，不想挨批评。如果这种情形持续下去，孩子就会越来越胆怯，在人前总是察言观色，不敢发表自己的主张。对美顺母女来说，最重要的是孩子应该从妈妈的评价中脱离出来，找到自信。

　　妈妈如果像下面一样和孩子玩游戏，美顺的"寻找自信"之路会走得顺畅一些。

妈妈： 美顺赢了！

美顺：噢耶，妈妈站在这里。

妈妈： 美顺现在很关心妈妈是怎么行动的。

美顺：妈妈动不了了。

妈妈： 是啊，现在连动都动不了了。所以现在是什么感觉呢？

（或者所以现在你的选手们怎么样了？）

帮助孩子将注意力焦点从妈妈转向自己。如果妈妈将焦点放在孩子的游戏行为上或者关心上并加以表达，孩子也就会将注意力自然而然转到自己身上。如果孩子犹犹豫豫，妈妈就可以关心一下孩子的要求："你最想做什么呢"、"你想将这个变成什么样子呢"。这样孩子就会安心，并慢慢地鼓起勇气关注自己的想法，按自己的想法来。

聪明小贴士

如何和缺乏自信的孩子玩游戏

· 孩子不是不想做，而是因为不安而做不了。首先要了解孩子的内心。

· 提前进行预告。游戏的时候，提前告知孩子妈妈的行为，比如告诉孩子："现在妈妈要抱你了。"

· 给孩子熟悉游戏的时间。严重缺乏安全感的孩子即使对新买来的玩具也是过了几天才会打开包装试探着接触。因此，在游戏中不要勉强孩子，要给孩子熟悉的过程。

让孩子相信自己的能力

缺乏安全感的孩子难以适应新的环境，这一点在游戏中也会体现得很明显，比如对第一次接触的游戏感到特别紧张，无法快速适应游戏规则，然而经过反复接触、渐渐熟悉之后，他所体现出来的潜力会让人吃惊。

妈妈要告诉孩子他的这个特点，以便让孩子在新的环境下调整自己的不安。这时妈妈如像下面这样说会十分有效。

妈妈：一开始你好像是因为紧张所以没有做好，熟悉了之后你就能发挥实力了。

妈妈：刚开始做的时候因为紧张无法发挥实力，但是如果熟练了你就会做得很好，要有耐心。

下面的话有时候也会化解孩子的紧张。

妈妈：看起来你现在很紧张，无法发挥你的实力。这个时候握紧拳头憋住气，然后缓缓松开拳头，深呼吸，这样能解除紧张。

妈妈：轻轻地摇动全身，深深地呼吸。

这样孩子会自豪地说"没错，刚开始我有点紧张，但是时间长了就会好的"，以此来调节自己的不安。

教孩子练习如何选择

缺乏安全感的孩子面对很多玩具的时候，会无从选择自己到底要玩什么，这种孩子在日常生活中对其他事也无法作出选择。比如问他想吃什么，他会说"随便吧"；问他想要什么生日礼物，他会回答"不知道"。之所以会出现这种情况，因为有的孩子是因为担心如果没选择好会受到责备，有的孩子是因为觉得什么都好不知道该选什么。

可以用下面的5步训练法来告诉孩子如何选择。训练孩子如何自觉发现自己的要求并进行选择，由此孩子会因为自己的选择而产生自信。

<帮助孩子选择的5步训练法>

第一步：确认孩子的需求。

　　　　"想和妈妈一起玩吗？"

第二步：给出多个备选项。

　　　　"在这段时间里，你可以和妈妈玩折纸、布娃娃，你最喜欢玩哪一个？"

第三步：在孩子的选择中再限定一个更小的范围。

　　　　"想和妈妈一起玩游戏吗？我们玩掷骰子游戏还是脑筋急转弯游戏？"

第四步：让孩子完成最终的选择。

"好的。掷骰子游戏有3种。选择一个你最想玩的。"

第五步：对孩子作出的选择给予充分的鼓励。

"选完了，终于选出了你喜欢玩的，辛苦了。"

★提高孩子内心安全感的游戏方案

寻宝游戏

游戏方法：妈妈把东西藏在家里的各个角落。如果孩子靠近藏东西的地方，就大声发出声音；如果孩子远离了藏东西的地方，就降低声音，给孩子以暗示。通过这个游戏让孩子确信一件事：即使不在妈妈身边，我也是存在的。

捉迷藏

游戏方法：妈妈藏起来，让孩子来找。让孩子明白即使不在妈妈身边，我也是存在的。对无法离开妈妈的孩了尤其有效。

兵丁游戏

游戏方法：妈妈扮作教官，孩子扮演军人。妈妈下口令，"立正"、"齐步走"、"向右转"、"向左转"，孩子按妈妈的口令做出相应的动作。妈妈和孩子互换角色玩耍。

"逗我笑"游戏

游戏方法：妈妈首先做出各种表情逗孩子笑。测定孩子笑了多长时间。交换角色，由孩子来逗妈妈笑，谁能更快地逗对方笑谁就胜利。

蛇梯游戏

游戏方法：准备画有蛇和梯子的展示板。掷骰子，按点数移动，这时如果遇到梯子就要爬上梯子尽头，如果遇到蛇头就要退到蛇尾。爬梯子的时候描述让自己感到幸福的经历，遇到蛇头的时候就说说让自己不高兴的事。

热身游戏

游戏方法：扩胸→伸懒腰→肩部拉伸→拉伸胳膊→向前弯腰→双手触地→转动全身→转动盆骨→并拢双脚→转动膝盖→甩手腕脚腕。和孩子一起做一些简单的热身，以此来消除身体的紧张。

PART 4

提升妈妈和
孩子幸福感的
游戏方案

　　社会生活中人与人有着各种各样的关系，其中，最基本的关系便是父母与子女的关系，此外还有伙伴关系、师生关系及其他各种关系。如何维系好父母与子女之间的关系，提升双方的幸福感，这一点是很重要的，也是要讲究技巧的。妈妈幸福了，理所当然孩子也会幸福；孩子幸福了，自然也会增加妈妈的幸福感。这里我们就来看一看通过什么样的游戏可以同时提升妈妈和孩子的幸福感。

1.
让妈妈幸福的
游戏

　　妈妈的心态对孩子的发育有着很大的影响，妈妈的心态在很大程度上决定着孩子幸福与否。当然，这并不是说妈妈可以完全不考虑自己的感受，但是一个幸福快乐的妈妈可以给孩子带来好的影响。如果把孩子比喻成一棵幼苗，那么妈妈就是这棵幼苗所生长的土壤，土壤好，幼苗才能长成参天大树；土壤差，幼苗就会枯萎。如果想让孩子幸福，妈妈自己首先要做个幸福的人。

　　那么，如何和孩子玩耍能让妈妈幸福呢？要具备什么样的游戏态度，妈妈才会幸福呢？首先妈妈必须要了解自己，这样才能以此为基础配合孩子。此外，妈妈也要了解孩子成长发育的知识。孩子要成长，妈妈同样也需要成长。从现在开始，让我们逐一讨论如何做才能让妈妈幸福。

妈妈要了解自己的特点

　　和孩子互动的时候，妈妈有的时候也不知道自己为什么会出现这样那样的行为。孩子更是无法理解妈妈的心思，所以当妈妈不高兴时，孩子也会闷闷不乐，甚至发火埋怨。

　　妈妈需要了解孩子的心思，但更要解读自己的内心。妈妈若想读懂自己的内心，首先要试着自问"我现在为什么对孩子这么做"，"这种情况下我为什么发火而不能忍忍"，"为什么要对孩子斤斤计较"。如果能找到答案，那么就会控制自己，不会继续生气甚至大发雷霆。妈妈需要了解自己行为背后的原因并进行调整，想做到这一点，可以从下面几方面来审视自己。

检查健康状况

当莫名发火、体力不支、看不惯孩子行为的时候，妈妈首先要考虑自己现在的健康状况如何。

有位妈妈曾经莫名地对孩子发火，孩子稍有差错就对他大吼大叫，有时甚至把孩子撵出屋子。和孩子玩游戏时也觉得特别累。妈妈原以为这是因为最近和丈夫闹矛盾而导致心情差，但是去体检时医生说她患了甲状腺功能低下。吃了药后，这位妈妈发现，对孩子发火的次数明显减少了，再和孩子玩游戏时也更轻松了。

陪孩子玩耍跟工作一样，需要消耗很多的精力，如果妈妈的体力跟不上的话，就无法正常地陪孩子玩，还容易因为一些不必要的事情对孩子发火。所以，首先检查妈妈自身的健康状态并加以注意，这是妈妈和孩子精神都健康的保证。

回想自己的童年

"父母每天因为钱而吵个不停，有时候甚至大打出手。不知道争吵何时会爆发，每天都战战兢兢的。"

"妈妈和奶奶在一起生活，没有时间照顾我们。在记忆中，不记得小时候和妈妈一起做什么。"

"在我们家，负责赚钱养家的不是爸爸而是妈妈，所以忙碌的妈妈没有时间和我分享心事。"

"父母总是让我学习，但是我总是达不到他们的期望。现在每当父母让我教育好孩子，我都会觉得是一种负担。"

以上是一些妈妈对自己童年的回忆。这些妈妈经常考虑什么样的教育才能让孩子不受伤。她们对孩子无比地投入，孩子想要什么都尽力满足，所以经常感到疲惫不堪。

这种情况是因为妈妈无法从自己童年的阴影中摆脱出来造成的。所以她们常常无视孩子的发育要求或者状态，只是回想自己的过去，固执地认为自己小时候很辛苦，所以不能再让孩子重蹈覆辙。如果无法忘却自己童年时的悲伤和痛苦，就会不断影响妈妈现在的行为。

了解自己的性格

"我早上一起来就在想今天应该和孩子玩什么游戏，每天都会想6种左右的游戏和孩子一起玩。但不明白孩子为什么还是很怕生呢？"

"计划好的事情如果不能如期进行，我就会感到不舒服。如果孩子不听我的话，我就会很生气。"

"我的性格很内向，而孩子恰恰相反，非常活泼，他过于旺盛的精力有时让我有些应付不了。忙碌了一天后总累得像一摊烂泥，所以当孩子说要一起玩游戏时，我就会发火，想让他赶紧睡觉。"

所有的妈妈都按照自己的性格取向来养育孩子，上面的几位妈妈更是如此。第一位和第二位妈妈属于特别重视规则型的，第三位妈妈属于内向型的。人的性格跟童年时期所受的教育有关，但更主要的还是天生因素造成的。人的性格本身就多种多样，没有好坏之分。

如果妈妈无法理解自己的性格特点，在和孩子的互动中就容易产生摩擦。妈妈可能会因为竭尽全力也做不好而垂头丧气，也可能会因为没有竭尽全力而觉愧疚。首先，妈妈要弄明白自己的性格到底是怎样的，是外向型的还是内向型的，是理性的还是感性的，是有计划性的还是灵活性的。

比如，内向型的妈妈就尽量要有自己的时间，避免太过忙碌，如果能得到周围人的帮助，拥有一点属于自己的空闲时间，这样就可以有精力陪孩子多玩一玩，不至于老对孩子发火了。

理性的妈妈做事往往强调计划性、规范性，这样的妈妈在养育孩子的时候可能会遇到更多的困难。每个孩子都想依靠妈妈，希望妈妈了解并包容自己，但是理性的妈妈经常会忽视这一点。而且孩子天性就是不愿受约束，讲求规范的妈妈却总想严格管制孩子，所以侵犯了孩子的自律性和主导性。因此，妈妈一定要先弄清楚自己的性格特点，以便能够轻松自如地应对和孩子的互动。

清楚自己现在的压力

"现在和公公婆婆一起住，但我无法很好地掩饰自己的情绪，所以经常和婆婆闹矛盾，和丈夫也是一样。本来不想把这种矛盾暴露在孩子面前，但还是没控制住。不知道是不是因为这件事的影响，不知从什么时候开始，孩子每天晚上醒来的时候就哭闹耍赖，让我辛苦而又痛苦。"

上面这个例子中，孩子将妈妈的情绪状态很敏感地反映出来。由于自己还不能自立，孩子天生有警惕性，这在敏感的孩子身上体现得更明显。妈妈首先要了解自己现在的压力是什么，弄明白是夫妻间的矛盾严重，还是婆媳间的矛盾严重，还是和亲生父母间的矛盾严重，然后去找到解决的方法。

了解孩子真正想要的

有的妈妈能和孩子开心地玩游戏，也有的妈妈玩游戏的时候显得不耐烦，感觉像在应付差事。把陪孩子玩游戏当成应付差事的妈妈总是尽量拖延，但内心深处又会觉得有点愧疚，觉得自己不是个好妈妈。

下面的例子是妈妈拒绝陪孩子们一起玩游戏的场景。

妈妈：只玩10分钟。
儿子：不要。
女儿：20分钟。

妈妈： 只玩一种游戏。

儿子： 30分钟。

妈妈： 只玩一种游戏。

儿子： 不行。

女儿： 为什么？为什么不想玩？

儿子： 怕得最后一名吗？

妈妈： 这么玩没什么意思。要不你们两个自己玩吧。

　　每个家庭中都可能出现过类似的情形。孩子们想和妈妈一起玩，但是妈妈总是以这样那样的理由拒绝玩游戏。孩子为什么想和妈妈一起玩游戏呢？孩子不仅仅是想在游戏中获得乐趣，缓解紧张感，更多地是想和妈妈分享某些东西。

　　如果妈妈真的难以和孩子一起玩耍，有一个解决办法，就是让孩子参与到妈妈的日常生活中来，也就是说，寻找一种能在日常生活中和孩子共享愉快时光的方法。比如，妈妈刷碗，就让孩子在旁边帮忙擦碗；如果妈妈洗衣服，就让孩子帮忙倒水。孩子喜欢的不是游戏本身，而是和妈妈共享愉快的经历，这点妈妈一定要牢记。

了解孩子的发育要求

　　我们的咨询中心曾来过这样一个男孩，3岁大，表情很紧张，一直拽着妈妈的手，刚开始时一直靠在妈妈旁边一动不动，过了一会儿，开始摆弄各种玩具。妈妈对孩子的态度很亲切，不拒绝孩子的任何要求。虽然孩子能和妈妈自由地玩游戏，但是一看到咨询师的时候还是表现出紧张。

　　这个孩子是因为什么来到咨询中心的呢？妈妈对咨询师说，她每天都想着如何为孩子竭尽全力，凡事都巨细无遗地说明给孩子听。孩子在家里表现还挺好，可是一到外面，只要别的孩子碰一下他的东西，他就会打人、发火、大叫。

对孩子的要求有求必应的妈妈比比皆是。有的妈妈一整天都在和孩子玩游戏、说话，几乎全部时间和精力都放在了孩子身上。这种妈妈犯了什么错误呢？那就是没有了解孩子的发育要求。这个阶段是孩子提高自我调整能力并学习独立的时期，如果妈妈还是像对待婴儿一样，只想满足孩子的一切要求，这是很不明智的，会阻碍孩子的成长。所以，妈妈要根据孩子的年龄来给予适当的关爱，这才是维持健康互动的最佳法则。而且只有这样，才能让妈妈和孩子都觉得轻松幸福。

聪明小贴士

各年龄段的游戏要点

· 0~1岁：安全感非常重要。妈妈要特别关注孩子传达的信息，无条件地满足孩子的要求，尽量有始有终地与孩子互动。

· 1~3岁：自律性发育非常重要。这时要多给孩子自己玩的机会，同时也要适当地加以限制。也就是要制订游戏的尺度，在这个界限之内可以尽情地玩耍，但当超出界限时要告诉他不可以。这个时期的孩子喜欢玩简单的角色游戏，也喜欢玩肢体游戏。妈妈要积极地指导孩子，让其通过控制肢体动作学习如何自我调整情绪。

· 3~6岁：主导性发育非常重要。要帮助孩子多经历成功和失败。这个时期的孩子主要玩角色游戏，要帮助孩子按照想象的内容来制订游戏内容。

· 7岁以后：勤勉性发育非常重要。此时的孩子主要玩模拟游戏。可以通过桌面游戏来合理调节孩子的竞争心理、规则遵守等。

妈妈要和孩子共同成长

孩子的成长并不是一味向前进的，成长过程中可能会出现退步，比如前进两步又后退一步，然后再前进几步。这种成长是螺旋式前进，是循序渐进的。不仅孩子的成长是这样，成年人也是如此。

对于孩子的成长，妈妈是既高兴又悲伤。高兴的是孩子在一天天长大、一天天进步，悲伤的是孩子不再像小时候那样黏着自己了，这让妈妈觉得失落。因此，一旦孩子说"讨厌妈妈"，"妈妈走开"、"我自己来"的时候，妈妈就会觉得很受伤。甚至有的妈妈不能接受自己在孩子心目中的地位排在奶奶、爸爸之后。

孩子为什么拒绝妈妈呢？当然可能是因为不喜欢妈妈才这样。但更多的原因还是因为孩子到了需要离开妈妈自己独立的时期。孩子拒绝妈妈是其正在成长的标志，所以妈妈要接受这个现实。

了解孩子的游戏意义和特点

孩子们喜欢肢体游戏、角色游戏，也喜欢模拟游戏。肢体游戏可以培养孩子健康的自我尊重感，角色游戏能提高孩子的表现力、创意性和待人接物能力，模拟游戏则有助于培养孩子的社会性和自我调节能力。其中，模拟游戏是父母们觉得最容易出现麻烦的，弄不好就会惹孩子生气或者哭闹，最后弄得大家都不开心。

下面是5岁的炫旭和妈妈玩打鼹鼠游戏的场景。

炫旭：（打到好多的鼹鼠）哈哈哈，我打到好多。

妈妈：妈妈也要加油了。

炫旭：（更加努力地挥动锤子打鼹鼠）

妈妈： （很努力地打，结果打到的鼹鼠比孩子还要多）妈妈打得更多。

炫旭： （有点生气）妈妈不要打了！我自己玩更有意思。

妈妈： 不要这样，还是一起玩吧。

炫旭： （一下子推开妈妈的手）

妈妈： （继续抓着孩子的手）为什么，一起玩吧。

炫旭： （越发生气）你在干什么啊？

妈妈： 妈妈也想玩。

炫旭： （自己打完所有的鼹鼠后）都被我打到了。

　　炫旭为什么对妈妈发火并推开妈妈呢？5岁的炫旭现在正处于不愿接受输给妈妈的发育阶段，但是妈妈却对自己的胜利沾沾自喜，使得炫旭很敏感，于是推开妈妈并开始发脾气。出现这种行为在炫旭这个年龄并不是什么大问题。对这个年龄的孩子来说，赢得胜利比遵守游戏规则更重要。只有到了上学的年龄，孩子才能正确对待胜败。因此，和孩子玩游戏的时候，首先要弄清楚孩子的情感。然后在孩子恢复理性的时候对他说："很困难吧，还要继续吗"，"即使输了也没有放弃，坚持到最后了哦"，"让我们遵守规则，继续练习吧"。

　　如果炫旭妈妈的游戏态度稍微改变一下，局面就会大不同。

炫旭： （打到好多的鼹鼠）哈哈哈，我打到好多。

妈妈： 真的吗？炫旭打到很多所以这么高兴。

炫旭： （更加努力地挥动锤子打鼹鼠）

妈妈： （很努力地打，结果打到的鼹鼠比孩子还要多）这次妈妈打得更多。

炫旭： （有点生气）妈妈不要打了！我自己玩更有意思。

妈妈： 好吧，因为妈妈比你打到的更多，所以你伤心了吧。

炫旭：（有点生气）你不要打了！我要自己玩。

妈妈：想要自己练习吧。

　　给孩子一段时间来调整情绪，再问孩子"现在能和妈妈一起玩了吗"，鼓励孩子和妈妈一起玩游戏，这样就不会惹孩子不开心或哭闹，大人也不会生气了。

2.
适合发育缓慢的
孩子的游戏

振英已经5岁大了，但还是不太会说话，发音也不准确，妈妈说的话她也理解不了。玩的时候，要么把小汽车摆成一列，要么把车翻过来转汽车轮子玩。当妈妈想要给他读故事书的时候也说不喜欢。妈妈竭尽了全力帮助孩子，但还是不知道到底出了什么问题。

振英属于发育迟缓的孩子。发育迟缓会影响孩子的心理成长和适应能力。

一般来说，发育迟缓的孩子无论是抬头、走路、自己大小便、说话这些身体发育方面，还是能听懂妈妈的话、和小伙伴相处、情绪调节这些心理发育方面都比同龄人晚。有些人会认为这没什么大碍，可能遗传了父母，父母小时候也是这样，慢慢就会好起来的。但是只靠等只会让孩子的发育遇到更大的困难，所以要动点脑筋想办法。此时，妈妈和孩子进行适当的互动是会有帮助的。但是，和发育迟缓的孩子玩游戏是有一定的困难的，所以要选择那些可以促进互动的游戏。下面我们就来看看秘诀在哪里。

肢体游戏能促进成长

发育迟缓的孩子往往无法和他人进行良好的互动，这是因为他们对"我"的概念还未形成认识。一般来说，孩子可以通过移动自己的肢体来学习认识"我"的概念。如果旁边有人和他一起做，还能帮助孩子来区分"我"和"他人"，由此来认识"我"和"你"，学会如何适当互动。

日常生活中都可以和孩子玩哪些肢体游戏呢？相互拥抱，一起打滚，让孩子坐在脚上荡悠悠，让孩子的脚踩在自己的脚上一起走，用褥子把孩子卷起来，这些都可以玩。日常生活中的最普通的肢体游戏都有助于帮助孩子的成长。

下面是还不太会说话也不能自己大小便的5岁女孩敏京和妈妈的游戏场景。

敏京：(抓住妈妈的手，说要出去)
妈妈：不行，得在这里玩。
敏京：（哭了起来）呜呜——
妈妈：（拿出屋子里的玩具）这是小兔子。
敏京：（看了一会儿，推开）呜呜——
妈妈：（晃着模型屋里的秋千）这还有秋千呢。
敏京：（突然晃动双手）
妈妈：还可以玩什么呢？玩白雪公主吧。（拿出白雪公主和小矮人放到了敏京的手中）哇，好可爱啊，抱抱吧。
敏京：（马上把白雪公主和小矮人扔到了地上）

妈妈虽然一直努力尝试让孩子玩某种玩具，但是几乎没有效果。

就在妈妈和咨询师说话的时候，敏京突然跑过来趴到妈妈的背后，妈妈于是晃动着身体背着她玩，没想到敏京一下子就笑了起来，不停地要妈妈继续晃，越玩敏京就越放松。

给发育迟缓的孩子玩玩具就好比是让刚会爬行的孩子学跑步。对于这样的孩子要充分地利用肢体游戏，才会更有效果。

要循序渐进，不可心急

当孩子发育延迟时，妈妈难免会着急，所以就不停地和孩子说话，希望多给孩子一些刺激，但孩子依旧没有任何反应，因此妈妈的嗓门会越来越大，声音也越来越尖。

下面是语言发育缓慢的4岁男孩浩燮和妈妈的游戏场景。

妈妈：把想玩的东西都拿过来了哦。

浩燮：（拿出小汽车）

妈妈：（不断地说话）小汽车开始跑了。要去哪里呢？浩燮坐在前面，妈妈坐在后面。请关上车门。嘟——

聪明小贴士

2~3岁孩子的语言指导法

- 与语言表达相比，要将重点放在孩子的理解力上。
- 给予孩子适当的赞扬。
- 要使用孩子能够理解的语言。
- 当孩子想说某事的时候要及时回应。
- 如果孩子能够表达某一个词语，就在这个词语的基础添加相关的其他词语重新说给他听。

  例如，如果孩子说："妈妈，面包！"就回应他说："想要面包吗？好的，给你好吃的面包。"

在玩游戏的过程中，妈妈如果独自一个人滔滔不绝，孩子就会失去说话的机会，对孩子来说，他需要一个缓冲的时间，只有这样他才能慢慢试着用语言表达自己所感觉到的和所经历过的。需要提醒妈妈的是，催促孩子并不能加快其发育。若想弥补孩子的不足，就不要追着赶着给孩子刺激，与其催促，不如按照孩子的发育水平来教育和指导。

不要对一切指手画脚

妈妈总是想教给孩子点什么东西，几乎时时刻刻都在想着如何教育好孩子。虽然孩子确实可以从妈妈那学到一些东西，但喋喋不休的妈妈也会让孩子觉得很烦。如果妈妈总是在纠正自己的行为，孩子就会感觉原来自己真的不行。

下面是恩哲和妈妈的游戏场景。恩哲已经6岁了，但吐字还是不清楚，而且很依赖妈妈。

恩哲：（正在模型屋中摆弄着什么）

妈妈：在摆弄什么？也教教妈妈吧。

恩哲：秋千。

妈妈：这个呢？

恩哲：婴儿车，还有两把椅子。

恩哲：这里好像还有个"嗯嗯"的地方。

妈妈：哈哈，这是坐便。

恩哲：这个是"嗯嗯"的地方，真的。

妈妈：不叫"嗯嗯"的地方，叫坐便。

恩哲：（拿出布娃娃）哇，它的脑袋胖胖的。

妈妈：不应该说"脑袋胖胖的"，应该说"脑袋大大的"。

妈妈不放过孩子的任何一个发音或表达错误，一一加以纠正，把游戏时间当成了教育时间。只有当孩子的游戏时间得到彻底保障时，孩子才能获得心理上的安全感和自信感，才会对其发育起到积极的促进作用。

对妈妈来说，需要寻找一种有效的方法，既不妨碍游戏的进行又能自然地纠正孩子。将恩哲妈妈的游戏态度作一下调整。

恩哲：这里好像还有个"嗯嗯"的地方。
妈妈：可不是嘛，是有个"嗯嗯"的地方，这个叫坐便。
恩哲：（拿出布娃娃）哇，它的脑袋胖胖的。
妈妈：真的哦，脑袋大大的。

妈妈改成这种说法，就可以慢慢地、反复地刺激孩子，这比起不断地更正和催促更有效果。发育问题不是一朝一夕就能解决的，这不是百米赛跑，而是40多千米的马拉松。只要慢慢地、反复地、自始至终地去刺激孩子，总有一天会看到效果。

聪明小贴士

促进孩子语言发育的方法

- 了解孩子现在所具备的语言能力。
- 根据孩子的语言发育水平选择恰当的词语。
- 孩子表达的时候不要吝惜表扬。
- 不要勉强孩子说话，不要给孩子压力。
- 在孩子使用的词语的基础上加上其他词语重新表达。
- 充分利用表情和肢体动作。
- 不要过分批评孩子的发音或者语法错误。
- 不要强制将孩子喜欢的某样东西换做另一样东西，反复一种游戏后可以稍微作一些变化。
- 不要沉默不语，要积极地表述游戏内容。
- 让孩子和稍微比他说得好的小朋友一起玩。

描绘身体轮廓

游戏方法：让孩子躺在画纸上，伸展四肢。妈妈用笔画出孩子的身体轮廓。和孩子看着镜子，观察孩子的样子（面部表情、笑容等），然后将这些表情也画到纸上。注意游戏时间不要持续过长。

用尺子量身体

游戏方法：妈妈用尺子测量孩子身体某部分的长度。例如从脚踝到膝盖的长度、从额头到嘴的距离等。将量好的数据记录在画有孩子身体轮廓的画纸上。

平衡走

游戏方法：在孩子头顶上放本书，让其保持平衡走路，不让书掉下来。如果孩子做得好就再放一本书让其继续走。

垫子战争

游戏方法：妈妈和孩子各拿一个靠垫面对面站好，保持双脚原地不动，用力推对方。谁先挪动脚步谁就输掉游戏。

跨越障碍物

游戏方法：在空地上放好垫子、拖鞋、椅子和书等作为障碍物，两边分别设置起点和终点。让孩子从起点出发，测定他几分钟内可以通过障碍物到达终点。

唱摇篮曲

游戏方法：妈妈用胳膊抱住孩子，与孩子对视，晃动孩子。对孩子唱摇篮曲，描述孩子的姓名和长相。

观察脸庞

游戏方法：妈妈抱着孩子，看着孩子的脸。慢慢地、仔细地数着孩子牙齿、眼睛、耳朵的个数。

真正的"我"在这里

游戏方法：让孩子对着镜子站好。说出身体各部位的名称，让其认识与身体相关的知识和自我概念。

镜子游戏

游戏方法：妈妈和孩子面对面站着。妈妈做动作，让孩子模仿。再换孩子来做动作，妈妈模仿。

美容院游戏

游戏方法：让孩子坐下，确保其能看到镜子。妈妈站在孩子的后面或者旁边，和镜子里的孩子对视。妈妈把孩子打扮得漂漂亮亮，然后描述孩子的美丽之处。

喂饼干

游戏方法：抱着孩子与其对视，喂他小块的巧克力或者饼干。妈妈要告诉孩子吃得多好，味道如何，锻炼孩子的语言能力。

和孩子一起跳

游戏方法：在空地上画出若干方格，涂上颜色或写上数字。妈妈作出指示，让孩子哪只脚迈进哪种颜色或写有哪个数字的格子。如果孩子没有按照指示做，就反复说，直到他做到为止。

3.
培养孩子
良好性格的游戏

慧贞和妈妈生活在英国，孩子经常在凌晨起来要果汁喝，如果家里没有她就会哭上几个小时，搞得邻居都快要报警了，让妈妈备受折磨。

5岁的英哲就喜欢在家里待着，不愿意出去玩。如果带他去游乐场，他既害怕荡秋千也不敢玩滑梯，什么都不敢玩。如果小朋友多的时候，他就会显得很胆怯，很僵硬。

8岁的龙万从小儿学东西就慢，妈妈经常要花费很长时间才能教他点新东西。在幼儿园中学到的东西他也要自己先在房间中对着镜子练习多遍之后才肯示范给妈妈看。

这些孩子身上到底发生了什么事情？

每位妈妈都希望自己的孩子健康成长、正常发展，但是大部分性格乖僻敏感的孩子常常会在吃喝拉撒睡等基本生活方面出现问题，也有些孩子在成长过程中，会出现像慧贞、英哲、龙万这样让妈妈无法理解的行为。当然，这种情况的发生可能是因为妈妈无法理解孩子的要求而导致的，但是这跟孩子本身的性格特点还是有很大关系的。每个孩子都有自己的性格特点，面对性格极其乖僻敏感的孩子父母总会显得束手无策。那么，真的没有解决办法了吗？当然不是。即使在陪孩子玩耍的过程中也能找到改善孩子性格特点的方法。

了解孩子的性格特点

每个孩子都有自己独有的性格特点，有的活泼、开朗、外向，有的安静、沉闷、内向，也有的乖僻。性格乖僻的孩子比较少，只占10%，性格沉闷内向的孩子占15%左右，大部分孩子还是活泼、开朗、阳光的。

因为性格的不同，所以孩子的行为方式也有所不同。当妈妈无法理解孩子的某些行为时，在互动中就会处理不当。因此，如果想培育好孩子，首先必须了解孩子的性格特点。

活泼、开朗、外向的孩子相对来说比较容易培养，其自我调整能力发育得比较好。但性格乖僻或者过于内向的孩子在成长过程中出现的问题较多，比如吃饭、睡觉、大小便等基本日常生活方面的问题，以及散漫、对新环境的适应力低下、排斥陌生事物、表达激烈等方面的问题。培育这样的孩子妈妈可能会更辛苦一些。

对待性格乖僻的孩子，不要想着如何让孩子迎合妈妈，而是妈妈要去努力迎合孩子。当然，这并不是说要无条件地迎合孩子，而是要控制孩子的情感、调整孩子的行为。

孩子情绪表达能力的好坏与看护人如何与其互动有很大关系。如果不仔细照看性格乖僻的孩子，就可能出现一些压抑孩子情绪表达的行为。尤其是男孩子，很容易做出夸张的情绪表达，因此，妈妈要了解这一点，即与孩子保持步调一致是很重要的。通过游戏可以培养这种默契，但并不是仅做了几次游戏就能改善孩子的性格，而是需要不断地坚持。不要因为某次失败或进展缓慢而失去信心。所以，培育性格乖僻的孩子时，妈妈一定要坚持不懈地努力。

慢性子的孩子和急性子的妈妈

有些孩子性子急，点火就着，有些孩子性子慢，属于慢热型。性子急的孩子生性活泼，富有创造力，但也容易变得散漫。性子慢的孩子天生慎重，具有很强的探索精神，但行为迟缓，做事容易拖拉。无论是哪种性格都有优点也有缺点，如果妈妈在培养孩子过程中，无视孩子的性格特点而采取不当的养育方法，就容易导致孩子的自我情感被压制，对其情绪和行为产生消极的影响。

下面是4岁的敏静和妈妈的游戏场景。敏静属于性子慢的孩子，行为和语言都比较迟缓，这与一贯做事雷厉风行的妈妈正好相反。

敏静：（打开橡皮泥盒子）妈妈看这个，我要玩这个。

妈妈：妈妈也来吧，妈妈捏什么好呢？

敏静：我要捏苹果。

妈妈：（妈妈也在旁边揉揉搓搓，把橡皮泥捏成圆形给孩子看）

敏静： （自己正忙着搓泥团，没有看妈妈拿到眼前的东西）

妈妈： （继续把泥团放到敏静眼前）

敏静： （看了一眼，没有说话）

妈妈： 好不好看？（再给孩子看，重新揉橡皮泥）这是什么呢？

敏静： （还是像之前那样忙于做自己的东西，不看妈妈给做的东西）

妈妈： （迅速放到孩子眼前）这是什么呢？

敏静： （过好一会儿后看了一眼）圆圈。我要做苹果。

妈妈： 哇，好漂亮。妈妈也做苹果吧。

敏静： 我也要。（看着模具）妈妈这里有香蕉、草莓，还有……

妈妈： （开始还回应"嗯"，后来开始不耐烦）来做吧，敏静，一起来做吧。妈妈要做葡萄。

　　敏静和妈妈的速度看起来合拍吗？不是的。敏静的语言和行为像只小乌龟，而妈妈的行为像只兔子。敏静的慢性子让妈妈心急，虽然最初忍了一会儿，但还是忍不住开始催促。这样的互动只会让妈妈和敏静的关系趋向冷淡，时间久了敏静心里也会生气，甚至通过欺负弟弟来发泄自己的情绪。敏静妈妈如果想改变现状，必须要清楚地认识到，孩子性子慢并不是什么缺点，而是她自己固有的特点，妈妈要接受孩子的性格特点。

　　敏静妈妈在游戏中不妨改变一下自己的态度和方式，等待孩子能够自己完成后对她说"辛苦了，能说说这是什么东西吗"，给孩子说话的机会，在旁边静静关注，等到孩子将自己捏好的东西给妈妈看时对她说"很想知道做了什么呢"，等待孩子作出回应。如果在游戏中练习耐心等待孩子、和孩子产生共鸣，那么在日常生活中也能够做到。

用游戏治疗敏感孩子的方法

　　人的大脑会对外部的刺激进行分析并指导我们的行为。在这个过程中如果某个地方出了问题，就会做出与想法相悖离的愚蠢行为，这种情况不断累积就会影响孩子的发育。

如果孩子的感觉系统出了问题，就会出现性格敏感乖张，比如讨厌别人的碰触、对声音敏感、不愿意出门等，也有的会不断做出过分举动。这跟妈妈的养育态度多少有些关系，但主要还是由孩子的大脑发育程度决定的。因此，妈妈要充分理解这一点，针对孩子的不同行为特点采用相应的应对办法。

当孩子敏感乖张时

第一，增加肢体接触。经常拥抱孩子、抚摸孩子，这种温柔的触觉刺激会给孩子一种信赖感，有助于促进其发育。

第二，在孩子喜欢的温度下陪孩子洗澡玩耍。可以给予孩子触觉刺激，调整孩子稳定的心理状态。

第三，积极陪孩子进行肢体游戏。有些孩子精力过剩，觉得无处发泄，这时进行肢体游戏会很有帮助。肢体游戏活动量大，可以帮助孩子释放过剩的精力。

第四，进行多种多样的户外游戏。如果孩子不愿意动、执行力差，可以通过骑自行车、球类游戏等来加强。

无论做哪种游戏，最重要的是要按照孩子的感觉和兴趣来进行。准确地解读孩子的情感，对孩子的行为给予正面的回应，激发孩子的兴趣，以便能顺利进行下去。

当孩子对触觉刺激敏感时

有些孩子对触觉刺激非常敏感，不愿意触摸东西，稍微擦碰一下就叫疼，衣服稍不合身就不想穿。发生这种情况时，就不要硬是勉强孩子。妈妈首先示范一下，以便于孩子观察，等待孩子产生自己想尝试的想法。

可尝试一下下面的游戏：身体滚动游戏、捏黏土游戏、按摩游戏、洗澡的时候打泡泡、荡秋千。

当孩子对口腔刺激敏感时

对口腔刺激敏感的孩子对味觉很敏感，排斥重口味的食物，并且不太爱刷牙。这种情况下，可尝试一下下列游戏：吹肥皂泡、吹哨子、吹蜡烛、吹洒在纸上的水彩。

4.
让手足之间
和谐相处的游戏

与鬼灵精的弟弟相比，铉哲有些呆板。妈妈对此很不满意，总是拿他跟弟弟作比较，经常责骂唠叨。铉哲来咨询中心时不愿与人交流，就一个人在那用玩具蛇捆住其他动物玩，他是在用被紧紧捆住的动物表达自己郁闷的心情。

自弟弟出生后家人所有的关爱都给了弟弟，9岁的庆敏对此闷闷不乐。如果妈妈对弟弟笑，她就会伤心，因而经常监视妈妈在盯着谁看。如果看到弟弟摆弄着什么就会飞快地跑过去大叫"这是我的"，然后把东西抢过来。

兄弟姐妹之间难免会发生矛盾。哥哥因为弟弟抢走了妈妈的关爱而伤心，弟弟也因为自己比哥哥晚出生而郁闷。孩子们各有各的想法，尤其是年纪越小时就越容易吵架或打闹。妈妈总是尽力去调节孩子间的矛盾，可当调解不了的时候就采取惩罚的措施。这种手足之间的矛盾对孩子的自尊感、情商和攻击性都有消极的影响。

如果家中有多个孩子，帮助孩子彼此之间维持良好的关系，妈妈是要讲究方法的。

用心感受彼此的想法

小学5年级的惠敏和2年级的慧贞因为父母工作忙，所以大部分时间是两个孩子在一起，彼此很亲密，但也经常吵架。咨询师带着姐妹俩玩了一个对话游戏，选择卡片，念出上面的问题并进行回答，以此让姐妹俩坦诚地表达出自己的感受和想法。

惠敏：我选黄色卡片。

慧贞：（读黄色卡片上的问题）爸爸妈妈什么时候只想着关心妹妹或姐姐？（表情僵硬，看着惠敏，不知道怎么回答）

惠敏：（看着慧贞，噗嗤笑了出来）好好说。

咨询师：因为姐姐就在身边，所以很难开口吧。

惠敏：让你好好说呢。

慧贞：说什么呢。嗯……（困惑的表情）嗯……我出生之前，那个时候只有姐姐，所以爸爸妈妈只能关心姐姐。

慧贞认为在自己出生之前姐姐惠敏充分得到了爸爸妈妈的关爱，因此总是担心父母更关心姐姐。

下面轮到惠敏，惠敏又是怎么回答这个问题的呢？

惠敏：（读卡片）爸爸妈妈什么时候只想着关心妹妹或姐姐？（瞥着妹妹）妈妈经常给妹妹好吃的。

惠敏认为妈妈对妹妹更关心，所以非常敏感。每个人都想独占妈妈的爱，所以姐妹间不可避免地产生摩擦。但通过做游戏让孩子坦率地表达出自己的想法，就能让她们了解彼此的心情和状况，从而找到解决孩子间矛盾的办法。

如何让孩子毫不嫉妒地接受弟弟/妹妹

· 在弟弟/妹妹出生之前给孩子看相关画册和图片，让他有心理准备。

· 让孩子尽情表达对弟弟/妹妹的感情。

· 让孩子稍微花心思照看弟弟/妹妹。

· 每一天都给孩子几分钟独占妈妈的时间。

· 不要因为觉得有愧于大孩子而无条件地容忍任何事。

让孩子们一起玩

　　和一个孩子玩游戏是件苦差事，分别和两个孩子玩会更辛苦。这边喊"妈妈，我要这个"，那边喊"妈妈，我要那个"，刚开始妈妈还能应付，时间长了就会不耐烦地告诉孩子自己去玩。该如何毫不费力地和两个孩子一起玩呢？

　　下面是4岁男孩敏智和2岁的弟弟敏勋与妈妈的游戏场景。

敏智：（站在布偶之家前面，静静地看着）

敏勋：（指着狮子）妈妈，妈妈，这个是什么？

妈妈： 这个是狮子。

敏勋：狮子。

敏智：（一句话都不说，看着妈妈和敏勋）

敏勋：妈妈，妈妈，这个又是什么？

妈妈： 这个是老虎。还有这个是兔子，这个是鳄鱼。哎呀，好可怕。

敏勋：好可怕。

敏智：（摸着其他的布偶，只静静地看着）

敏勋：这个是什么？

妈妈：洗碗槽，妈妈刷碗的地方。（摆好桌子）妈妈、爸爸、敏智、敏勋在这里吃饭。

敏智：还有其他的东西。

敏勋：（想进入帐篷里）妈妈快点来。

敏智：（拿出帐篷里的布娃娃，递到妈妈面前）布娃娃，布娃娃。

敏勋：（拿出后面的虎宝宝布偶）老虎。

妈妈：这个是虎宝宝。有几只虎宝宝啊？有3只呢，好多。

刚开始牙牙学语的敏勋不停地问妈妈这、问妈妈那，妈妈也耐心地一一回答，整个过程敏智好像都被排斥在外了，没他什么事。敏智本来就因为弟弟抢走了妈妈对自己的关心而闷闷不乐，在玩游戏的时候也老是被排斥所以更加受伤。于是，受到伤害的敏智平时就总想通过欺负弟弟来发泄一下郁闷的心情。

那么，就没有什么办法可以同时满足敏智和敏勋吗？其实敏智已经给过妈妈暗示了，就在妈妈提起敏智名字的时候，敏智马上回应说"还有其他的东西"，然后拿出布娃娃，表明他想加入进来，想引起妈妈的重视。像这样，孩子们通过游戏向妈妈表达自己的心情和状况，只要妈妈明白了这一点，就能明显改善和孩子之间的关系。

上面的例子中，妈妈像下面这样做会好一点儿。

敏智：（站在布偶之家前面，静静地看着）

敏勋：（指着狮子）妈妈，妈妈，这个是什么？

妈妈：这个是狮子。敏勋在看着狮子，敏智在看什么呢？

......

敏智：（拿出帐篷里的布娃娃，递到妈妈面前）布娃娃，布娃娃。

敏勋：（拿出后面的虎宝宝布偶）老虎。

妈妈：啊，敏智想玩布娃娃，敏勋想玩老虎和虎宝宝啊。

像这样，妈妈可以将关心平均分给两个孩子。不要只集中在积极吸引妈妈注意力的孩子身上，也要将关心分给踌躇不决的孩子，这样孩子才能安心地参与到游戏中来。

聪明小贴士

家中有多个孩子应如何培养

- 在孩子婴幼儿时期，就应该留意他们吵架的火种。
- 增加孩子们可以一起愉快共享的活动。
- 不要选择竞争性游戏，而要选择能够让孩子一起合作解决问题的游戏。
- 不要因为孩子哭闹就让他抢别的孩子的东西。
- 考虑到孩子们彼此间资质的差距，不要让孩子们受伤。
- 尽量避免将孩子们分开抚养。

不要拿孩子作比较

虽然知道拿孩子作比较是大忌，但是还是有妈妈经常用这种方法来管教孩子。比较确实可以激起孩子心中的竞争意识，让他能够更快速地行动起来，但是，总拿孩子作比较会产生一些问题。当孩子老是被拿来同他人进行比较时，就会过于在意他人对自己的想法，从而忽视了自己内心的想法，在成长过程中失去自我。久而久之造成不安、猜忌和自卑。

那么表扬孩子比别人做得好，会不会增强孩子的自尊感呢？似乎也没有什么大的帮助。如果妈妈一会表扬这个，一会又表扬那个，虽然当时可以马上让孩子受到鼓舞，时间长了容易造成孩子关心别人胜过关心自己，所以应该尽量避免。

下面是小学6年级的智善和4年级的智英和妈妈游戏的场景。游戏内容是用鱼竿将转盘上的鱼钓起来。

智英：（没怎么钓到鱼）快点上钩啊。

妈妈：哇，姐姐比智英钓得更多。

智英：（大叫）啊，为什么？

妈妈：（妈妈的声音也大了起来）干吗突然这么大声？

智英：（用手抓鱼）

智善：你这个样子从哪里学的？

智英：怎么了！

妈妈：什么怎么了？

智善：妈妈，她用手抓鱼。

妈妈：不能这么做。

智英：（打姐姐）我什么时候用手抓了？

妈妈：（严肃的声音）你怎么打姐姐？

智英：啊，真是的。我想钓鱼，姐姐捣乱。

妈妈：智英，姐姐没有捣乱，姐姐也在努力钓鱼。

智英：（莫名的）我赢了。

看到这个游戏场景，有多个孩子的妈妈是不是觉得似曾相识。对孩子多的家庭来说这种情况司空见惯。因为妈妈夸姐姐做得好触发了智英的怒火。结果智英为了在游戏中获胜不仅犯规还打了姐姐，这都是妈妈的一句无心的话造成的。

想通过表扬一个孩子的方法来达到激励另外一个孩子的目的并不

会得到想要的效果。这样一来，一个想超过另一个，另一个又不想被超过，两个孩子较上了劲。孩子之间没有了互相尊重，只剩下竞争，这会不断引发冲突，甚至影响到和其他人之间的关系。当孩子不是老被比较或老去迎合别人时，才能更好地发挥自己的能力。

聪明小贴士

如何在游戏中教会孩子与人和谐相处

· 当孩子表现得友善、礼貌、尊重他人的时候要马上予以鼓励。

· 指导孩子遵守彼此间的界限。玩耍时如果哥哥突然要拿走弟弟的东西，妈妈要说"等一下，你需要弟弟的东西吗？那么要先问问弟弟的意见"，如果弟弟同意才能给哥哥。

· 如果在妈妈和哥哥说话的时候弟弟突然插话，妈妈要说"等一下，现在妈妈正在和哥哥说话。等和哥哥说完了再和你说话"。这样孩子就会相信妈妈也在保障自己的时间。

· 不要介入孩子之间细小的纷争，让孩子们自己解决。

· 游戏中出现打人行为的时候，在教训打人的孩子之前，首先要观察被打的孩子的心情，让他坐到其他的地方，再对打人的孩子进行批评教育。

给孩子提供互相帮助的机会

孩子们在处理手足关系中学会互相协商、互相竞争。但是如果将所有的精力都浪费在比较竞争上面，就无法体验其他的关系。因此，如果在玩耍时给孩子提供彼此帮助的机会，就可以让他们在家里开始学习如何与人和谐相处。

下面是小学3年级的玄旭和1年级的玄真一起玩游戏的场景。玄旭总抱怨妹妹是个女孩无法与他沟通，认为妈妈更喜欢妹妹，所以经常打妹妹。

玄真：我第一次看到这个。

玄旭：看着，玄真。

咨询师：哥哥想教玄真呢。

玄旭：（准备游戏）这是香蕉，猴子在这里，这样做。

玄真：要爬到树上吗？

玄旭：这么做。一个人要先拿3根香蕉。

咨询师：玄真，知道怎么做了吗？

玄真：（点了点头）

咨询师：玄真说她可以玩了。玄旭给玄真讲得很明白呢。

玄旭：想玩什么颜色的？

玄真：黄色的。

玄旭：（拿出黄色的猴子）黄色的，把3根香蕉都扔过去。

玄真：（玩不好游戏）

玄旭：玄真，你这么玩不对。

看到这个游戏场景，能想象出玄旭平时总欺负玄真吗？玄旭非常亲切详细地指导着妹妹，这是因为在这里给了玄旭一个可以帮助玄真的机会。帮助别人并且得到表扬的话，孩子就会更积极地这样做。在家庭生活中，要积极为孩子创造互相帮助的机会。

让孩子学会彼此尊重

即使是同一个妈妈生的孩子，脾气秉性也有很大差异。有的孩子比较听话，和妈妈相处融洽，有的孩子则和妈妈不对头，经常挨训，这对两个孩子的成长都不利，听话的孩子也会担心某天自己也会这样挨训。妈妈要了解孩子们各自的性格特点，根据这个来避免彼此之间受到伤害的事情发生。

下面是小学4年级的美璇和2年级的素璇一起游戏的场景。游戏内容是根据卡片上的问题说出自己的想法和经历。美璇性格内向，是个慢性子，素璇则跟妈妈一样是个急性子，所以妈妈平时在素璇面前总爱训斥美璇"闷乎乎的"、"慢腾腾的"。这一点在游戏中也有所体现。

> 美璇：（读卡片）这个人害怕的原因是什么？（一直思考）
>
> 素璇：（等了一会儿等不下去）啊，真是的，快点说，快点。
>
> 美璇：这个人害怕的原因是……
>
> 素璇：啊，快点快点！
>
> 美璇：（看着不断催促的素璇，也发脾气了）干吗老催我啊？
>
> 素璇：唉，真是的，快点。
>
> 美璇：害怕的原因是有一天和朋友们去玩。在那里……

美璇在表达之前总是花很长时间思考，而素璇则是想到什么就说什么。当这样两个性格不同的孩子一起玩游戏的时候，性子慢的孩子比较容易受伤。另外，因为妈妈也是个急性子，平时总爱说美璇，所以搞得美璇一直没有自信。

在与咨询师进行沟通后，妈妈再也不在素璇面前训斥美璇了。当美璇在花费更多的时间思考而素璇催促的时候也会说："等一下，姐姐正在思考呢"，"我们等着，等着姐姐说话"。经过这样的改变，美璇在妈妈面前无法表达的情况大大改善，素璇对姐姐发脾气的次数也明显减少。妈妈首先承认了孩子们不同的性格特点并予以尊重，孩子们也自然而然地效仿。

了解孩子想要被关注的心理

两个孩子一起玩的时候，玩着玩着其中一个孩子突然生气，此时妈妈和另一个孩子会不知道为什么生气而产生不满。然而，如果妈妈能试图去了解孩子行为背后隐藏的心情的话，就不会发生这样的情况了。

下面是小学4年级的珠莹、5年级的瑞莹和妈妈一起游戏的场景。瑞莹向妈妈和珠莹讲述游戏规则，珠莹却不肯合作。

瑞莹：现在我说明一下。掷骰子，上面写着东西。

珠莹：（捂住耳朵，大喊大叫）

妈妈：（抓住珠莹的手）这是干什么呢？不想听姐姐讲吗？

珠莹：听过了。

妈妈：那也不行，姐姐又说了一遍，仔细听着。放下手，别捂着耳朵！

瑞莹：仔细听姐姐说。这个要这样玩……

珠莹：（摇晃着全身）

妈妈：珠莹，你这样摇晃，妈妈都听不清姐姐的说明了。

珠莹：（用手扇风）好热。

瑞莹：呀，不要打断我说话！

珠莹：（发脾气）我不听都可以。

妈妈：不听都可以？妈妈都在听着呢。

珠莹为什么会有如此的表现呢？这是因为她不想妈妈把注意力都集中在姐姐身上，因此通过用手捂着耳朵、大声叫喊、晃动身体、用手扇风等动作来分散注意力，让妈妈注意自己。此时妈妈应该了解妹妹是因为嫉妒才这样的，妈妈要了解孩子行为背后的原因，即要解读孩子的内心。妈妈可以换一种说法来表达。

瑞莹：现在我说明一下。掷骰子，上面写着东西。

珠莹：（捂住耳朵，大喊大叫）

妈妈：（抓住珠莹的手）你这样是因为只有姐姐在那说明，你才无聊吧。

"妈妈只听姐姐说话，所以你嫉妒了吧"，如果一开始就像这样冒失地将孩子内心的真实想法说出来，孩子会不知所措，而且不会承认。所以，即使妈妈已经知道了孩子的真实想法，也不要立刻说出来。"如果姐姐说完了你还有需要补充的东西，再告诉妈妈"，像这样给珠莹一个被注意的机会，会更加有效。这样做，孩子才能学习如何与别人的想法产生共鸣，并用适当的方法引起别人的注意。

及时并正确处理孩子之间的矛盾

当孩子之间出现纷争时，一开始妈妈可能不会干涉，当纷争扩大时妈妈就会各打50大板，这样的解决方式让孩子都感到委屈。如果妈妈在孩子出现要闹矛盾的苗头时就加以注意，就不会让事态严重。与其争个孰是孰非，不如去了解孩子的内心想法，缓和孩子之间的矛盾。

下面是3岁的英珠、4岁的敏珠和妈妈的游戏场景。

敏珠：（用脚使劲踩着购物篮，不让英珠拿走）

英珠：（想拿购物篮，但是因为姐姐踩着拿不出来）

敏珠：我来拿。

妈妈：呃，该买橡皮泥了。

英珠：（想拿到购物篮）

敏珠：（推开英珠）

妈妈：（对孩子的争执视而不见，继续捏着橡皮泥）哈哈，葡萄完成！

　　虽然孩子间产生了矛盾，但是妈妈热衷于和孩子一起玩的游戏，没能了解发生了什么事情。如果妈妈总是这样无视孩子之间的矛盾，孩子长大后彼此间的冲突会越来越多，心里也会留下阴影。妈妈必须要正视孩子之间的矛盾并加以调节。

　　上面的游戏中妈妈可以调整一下自己的态度。

英珠：（想拿购物篮，但是因为姐姐踩着拿不出来）

敏珠：我来拿。

妈妈：原来敏珠想自己玩购物篮啊，但是英珠也想玩，一起玩好不好？

　　孩子之间发生矛盾时妈妈不要装作视而不见，也不要用心不在焉的劝说来敷衍。妈妈需要仔细掌握孩子们的情感状态，这样才能培养孩子互相理解、互相协商的能力。

你猜猜我猜猜

游戏方法：家人围坐一圈，每个人都在卡片上写下自己喜欢的东西或写下自己的优点。将卡片交给游戏的主持人，主持人逐一读出卡片上的内容，并让大家猜一猜卡片上说的是谁。谁猜到的最多谁是胜者。

三明治拥抱

游戏方法：把孩子放在妈妈和爸爸中间。妈妈爸爸假装是面包，孩子是火腿，大叫着抱住孩子。

新闻记者

游戏方法：孩子扮作新闻记者采访家人。采访内容可以由孩子制订，也可以全体讨论。例如："将来想成为什么样的人？""喜欢什么游戏呢？""什么时候会生气呢？""生气的时候怎么消火呢？"将答案用文字记录下来。

婴儿游戏

游戏方法：给孩子看他小时候的照片、录影带和衣服。和孩子玩躲猫猫游戏、握拳游戏等小时候曾经玩过的游戏。告诉孩子妈妈现在和过去一样很爱他。